글을 빠르고 바르게 이해하는 학습 프로그램

| 1단계_인문 |

☆ 독해가 어렵다고요?

　글은 줄줄 잘 읽는데 막상 내용을 물어보면 고개를 갸우뚱하는 우리 아이! 뭐가 문제일까요? 바로 독해력이 부족하기 때문이에요. 독해력은 '글을 읽고 뜻을 이해하는 능력'을 말해요. 글자를 읽기만 하는 게 아니고, 내용을 바르게 이해하여 내 지식으로 만들 수 있는 능력이지요. 독해력이 뛰어나야 국어뿐만 아니라 수학, 과학, 사회, 역사, 예술 등 다른 공부를 할 때도 요점을 쉽게 파악하고 이를 바탕으로 세부 내용까지 이해하여 문제를 풀 수 있어요.

☆ 〈대단한 독해〉로 시작하세요

　초등 기탄 〈대단한 독해〉는 영역별로 다양한 주제의 글을 읽고, 독해의 기초 원리를 적용한 문제를 차근차근 풀이하는 과정을 통해 독해력을 효과적으로 길러 주는 단계별 학습 프로그램이에요. 스스로 학습의 No.1 기탄교육이 만들어, 누구나 쉽고 즐겁게 독해 학습을 시작할 수 있답니다.

처음에는 많이 읽기보다, 한 지문이라도 천천히 읽고 생각해 보며 흥미를 갖는 것이 중요해요. 〈대단한 독해〉는 쉽고도 부담 없는 분량의 지문으로 독해에 대한 재미와 성취감을 끌어올릴 수 있어요.

2 영역별 구성으로 즐거움 UP

〈대단한 독해〉는 단계별로 인문, 사회, 과학, 예술·스포츠 네 가지 영역, 총 4권으로 구성되어 있어요. 영역별 다양한 글을 읽으며 독해에 즐거움을 느낄 수 있지요. 또 교과 학습 과정과 연관된 내용을 통해 과목별 배경지식도 확장할 수 있답니다.

3 다양한 형태의 글 읽기로 사고력 UP

일기, 동화, 시, 설명문, 논설문, 생활문뿐 아니라 실생활에서 자주 볼 수 있는 안내문, 인터넷 게시판, SNS 등 다양한 형태의 글을 만나 볼 수 있어요. 다채로운 글을 읽으며 사고력과 이해력을 쑥쑥 키울 수 있어요.

4 낱말 풀이와 퀴즈로 어휘와 맞춤법까지 꼼꼼하게!

글에서 아이들이 어렵게 느낄 수 있는 어휘를 따로 정리해 두었어요. 또 그날 배운 어휘를 재미있는 퀴즈로 풀어 보며 뜻과 다양한 활용을 익힐 수 있지요. 맞춤법도 꼼꼼히 확인할 수 있답니다.

1

지문 독해 + 핵심 문제

〈대단한 독해〉는 1회당 4쪽씩
총 15회로 이루어져 있어요.
매일 4쪽씩 공부해 보세요.

시와 이야기, 설명문과 논설문 등
다양한 종류의 글과 독해 원리가
표시되어 있어요.

언제 공부했는지
날짜를 써 보세요.

독해 원리에 꼭 맞는 대표 유형
문제들은 왕관으로 표시했으니
주의하여 풀어 보세요.

공부한 날

1회

우화 누가 무엇을 했는지 알기

은혜 갚은 독수리

일을 하고 돌아가던 농부가 그물에 걸린 독수리를 보았어요.
"저런, 꼼짝없이 죽게 생겼구나."
농부는 독수리가 *가여웠어요.
"조금만 기다려라."
농부가 그물을 풀어 주자 독수리는 훨훨 날아갔어요.
며칠이 지난 어느 날이었어요.
"어이쿠, 힘들다. 조금만 쉬었다 해야지."
밭에서 일하던 농부는 *근처에 있는 돌담에 *기대앉았어요. 그런
데 갑자기 독수리가 날아오더니 농부의 모자를 휙 *낚아챘어요.
"거기 서라! 거기 서!"
농부는 소리를 지르며 독수리를 쫓아갔어요. 하지만 독수리는 멈
추지 않고 계속 날아갔어요.
'내가 구해 주었는데 은혜도 모르고 모자를 가져가다니!'
그때 뒤에서 *요란한 소리가 났어요. 놀란 농부가 뒤
를 돌아보자 돌담이 와르르 무너져 내렸지요.
㉠'독수리가 나를 구하려고 모자를 채서 날아갔구나.
독수리가 아니었다면 나는 돌담에 깔렸을 거야.'
그때 독수리가 농부의 모자를 땅 위에 툭 떨어뜨
려 주었어요. 농부는 독수리에게 고맙다며 인사를
했답니다.

이솝, 「은혜 갚은 독수리」

어떻게 읽을까?
이야기에 어떤 인물이 나
오는지, 그 인물이 한 일
은 무엇인지 살피면서 읽
어 봐.

* 가여웠어요: 마음이 아플 정도로 불쌍하고 딱했어요.
* 근처: 가까운 곳.
* 기대앉았어요: 벽 등에 몸을 의지하여 비스듬히 앉았어요.
* 낚아챘어요: 남의 물건을 재빨리 빼앗거나 가로챘어요.
* 요란한: 시끄럽고 떠들썩한.

8

내용 이해
1 이 글에 나오는 인물은 누구와 누구인지 빈칸에 쓰세요.

☐☐ 와 ☐☐☐

내용 이해
2 이 글에서 농부가 한 일은 무엇인가요? (　　　)

① 그물로 독수리를 잡았다.
② 모자를 낚아채 달아났다.
③ 모자를 땅 위에 떨어뜨렸다.
④ 돌을 쌓아 담을 만들었다.
⑤ 그물을 풀어 독수리를 구했다.

추론하기
3 ㉠에서 짐작할 수 있는 농부의 마음에 ○표 하세요.

슬픈 마음	고마운 마음	부끄러운 마
(1) (　　)	(2) (　　)	(3) (

비판하기
4 독수리의 행동에 대해 알맞게 말한 친구에게 ○표 하세요.

(1) 자신을 구한 농부의 모자를 낚아채서 달아나다
수리는 은혜를 모르는 동물이야.

(2) 돌담이 무너지려는 것을 알고 농부를 구하기 위
자를 낚아채다니 독수리는 지혜롭구나.

'어떻게 읽을까'는 글을 읽어 나가는
방향을 알려 주는 길잡이예요. 글을
읽기 전에 먼저 살펴 두세요.

어려운 낱말은 낱말 풀이에 정리해
두었어요. 낱말의 뜻을 알아보며
읽어 보세요.

2 짧은 지문 독해 + 어휘력 퀴즈

독해 원리와 관련 있는 지문을
다시 한번 공부해요.

지문에 나온 낱말의 뜻과 쓰임,
어휘, 맞춤법을 퀴즈로 풀어 봐요.

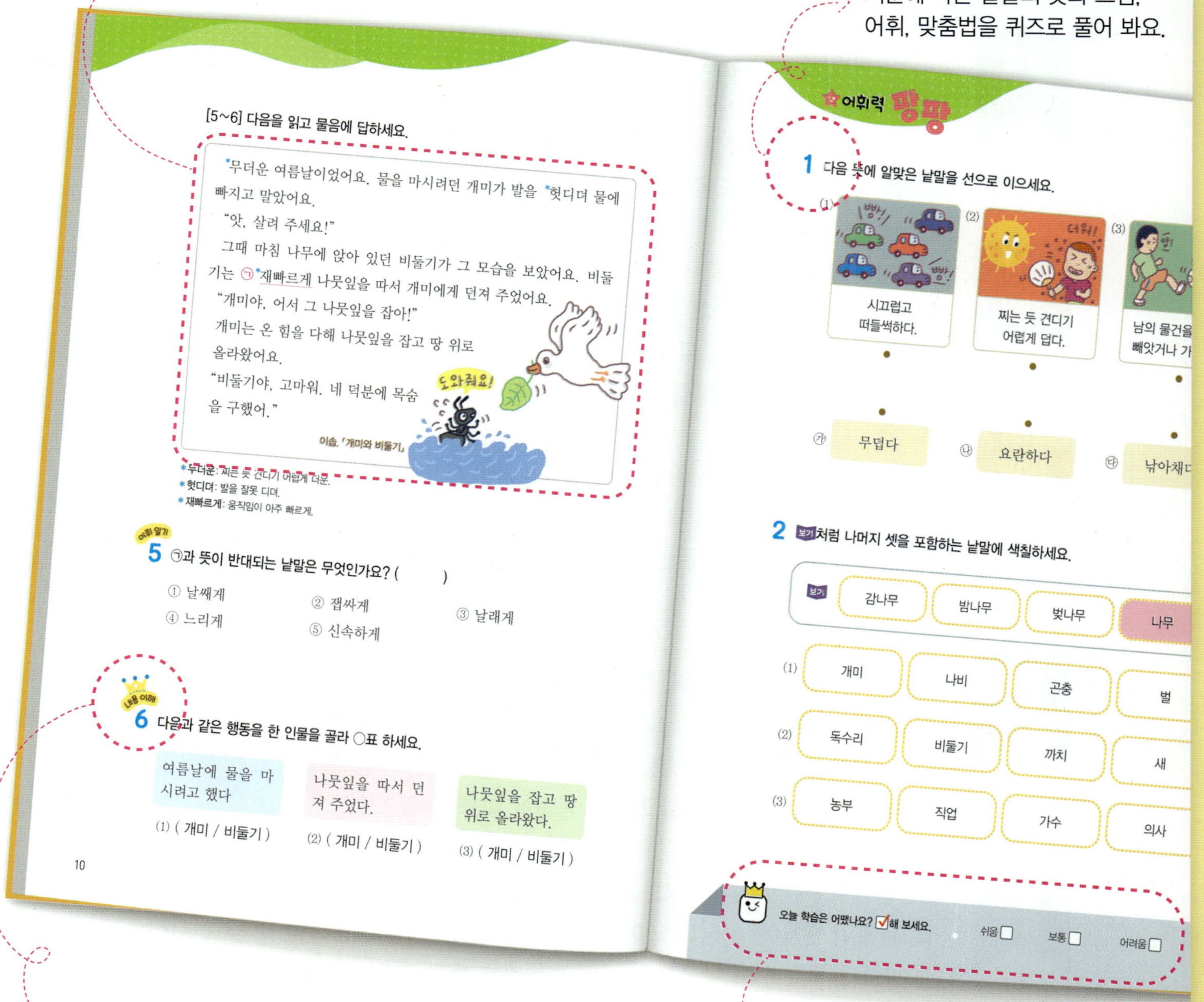

[5~6] 다음을 읽고 물음에 답하세요.

*무더운 여름날이었어요. 물을 마시려던 개미가 발을 *헛디뎌 물에 빠지고 말았어요.

"앗, 살려 주세요!"

그때 마침 나무에 앉아 있던 비둘기가 그 모습을 보았어요. 비둘기는 ㉠재빠르게 나뭇잎을 따서 개미에게 던져 주었어요.

"개미야, 어서 그 나뭇잎을 잡아!"

개미는 온 힘을 다해 나뭇잎을 잡고 땅 위로 올라왔어요.

"비둘기야, 고마워. 네 덕분에 목숨을 구했어."

이솝, 「개미와 비둘기」

*무더운: 찌는 듯 견디기 어렵게 더운.
*헛디뎌: 발을 잘못 디뎌.
*재빠르게: 움직임이 아주 빠르게.

어휘 알기

5 ㉠과 뜻이 반대되는 낱말은 무엇인가요? (   )

① 날쌔게   ② 잽싸게   ③ 날래게
④ 느리게   ⑤ 신속하게

내용 이해

6 다음과 같은 행동을 한 인물을 골라 ○표 하세요.

여름날에 물을 마시려고 했다	나뭇잎을 따서 던져 주었다.	나뭇잎을 잡고 땅 위로 올라왔다.
(1) (개미 / 비둘기)	(2) (개미 / 비둘기)	(3) (개미 / 비둘기)

10

☆ 어휘력 팡팡

1 다음 뜻에 알맞은 낱말을 선으로 이으세요.

(1) 시끄럽고 떠들썩하다.
(2) 찌는 듯 견디기 어렵게 덥다.
(3) 남의 물건을 빼앗거나 가로채다.

㉮ 무덥다   ㉯ 요란하다   ㉰ 낚아채다

2 보기처럼 나머지 셋을 포함하는 낱말에 색칠하세요.

보기	감나무	밤나무	벚나무	나무
(1)	개미	나비	곤충	벌
(2)	독수리	비둘기	까치	새
(3)	농부	직업	가수	의사

오늘 학습은 어땠나요? ☑해 보세요.   쉬움 ☐   보통 ☐   어려움 ☐

앞서 배운 독해 원리를
대표 유형 문제로 반복해서
연습해요.

오늘의 공부를 마친 뒤에는
독해 학습이 어땠는지
스스로 평가해요.

 6가지 독해 문제 유형

내용 이해

글에 나타난 정보나 사실 등을 이해하고 확인하는 문제 유형이에요. 글의 제목이나 중심 문장을 찾아보거나, 글쓴이의 의견과 까닭, 이야기 속에서 일어난 일을 찾는 문제가 주로 나와요. 글을 전체적으로 빠르게 훑어 보고, 문제와 관련 있는 부분은 좀 더 주의를 기울여 읽으면서 글의 내용을 파악해 보세요.

구조 알기

글의 짜임을 파악하고 중요한 내용을 간추려 보는 문제 유형이에요. 각 문단의 내용을 파악해 전체 글의 구조를 이해하는 문제나 일이 일어난 차례를 알아보는 문제가 주로 나와요. 글을 읽을 때 간단한 그림이나 표로 정리해 보면, 대상을 비교하거나 글의 흐름을 파악하는 데 도움이 될 수 있어요.

추론 하기

글의 내용을 바탕으로 글에 숨겨진 정보나 의미를 유추해 보는 문제 유형이에요. 생략된 내용을 추측하거나, 이야기 속 인물의 말과 행동을 통해 생각이나 성격을 짐작하는 문제가 주로 나와요. 글의 전체 내용을 이해하고, 앞뒤 문장이나 중심 낱말을 중점적으로 살펴보며 문제를 해결할 단서를 찾아보세요.

비판 하기

글에 나오는 의견과 근거가 올바른지 판단하고 평가하는 문제 유형이에요. 글쓴이의 생각과 그 까닭이 타당한지 살펴보거나, 이야기 속 인물의 생각과 내 생각을 비교해 보는 문제가 주로 나와요. 글쓴이나 인물의 의견이 한쪽으로 치우치지 않는지, 까닭은 의견을 잘 뒷받침하고 있는지 꼼꼼하게 따져 보세요.

문제 해결

글의 내용을 실제 생활에 적용해 보는 문제 유형이에요. 글쓴이가 겪은 일과 비슷한 경험을 찾는 문제가 주로 나와요. 글쓴이의 생각이나 이야기 속 인물의 마음이 잘 드러난 부분을 읽으며 자신의 경험을 떠올려 보거나, 다른 사람의 입장에 비추어 보는 과정을 통해 문제 상황을 이해하고 해결 방안을 찾을 수 있어요.

어휘 알기

글을 읽으며 낱말을 살펴보고, 낱말의 정확한 뜻과 형태를 알아보는 문제 유형이에요. 낱말과 관용어, 속담의 의미를 물어보거나 비슷한말과 반대말 등 낱말 사이의 관계에 관한 문제가 주로 나오지요. 낱말의 올바른 뜻과 맞춤법을 익히는 것은 글을 빠르고 정확하게 이해하기 위한 기본 원리랍니다.

1단계 (초등 1~2학년)_인문

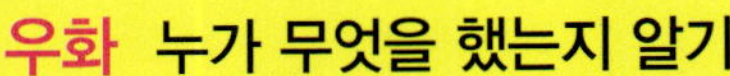

은혜 갚은 독수리

일을 하고 돌아가던 농부가 그물에 걸린 독수리를 보았어요.

"저런, 꼼짝없이 죽게 생겼구나."

농부는 독수리가 *가여웠어요.

"조금만 기다려라."

농부가 그물을 풀어 주자 독수리는 훨훨 날아갔어요.

며칠이 지난 어느 날이었어요.

"어이쿠, 힘들다. 조금만 쉬었다 해야지."

밭에서 일하던 농부는 *근처에 있는 돌담에 *기대앉았어요. 그런데 갑자기 독수리가 날아오더니 농부의 모자를 휙 *낚아챘어요.

"거기 서라! 거기 서!"

농부는 소리를 지르며 독수리를 쫓아갔어요. 하지만 독수리는 멈추지 않고 계속 날아갔어요.

'내가 구해 주었는데 은혜도 모르고 모자를 가져가다니!'

그때 뒤에서 *요란한 소리가 났어요. 놀란 농부가 뒤를 돌아보자 돌담이 와르르 무너져 내렸지요.

㉠'독수리가 나를 구하려고 모자를 채서 날아갔구나. 독수리가 아니었다면 나는 돌담에 깔렸을 거야.'

그때 독수리가 농부의 모자를 땅 위에 툭 떨어뜨려 주었어요. 농부는 독수리에게 고맙다며 인사를 했답니다.

이솝, 「은혜 갚은 독수리」

---

* **가여웠어요**: 마음이 아플 정도로 불쌍하고 딱했어요.
* **근처**: 가까운 곳.
* **기대앉았어요**: 벽 등에 몸을 의지하여 비스듬히 앉았어요.
* **낚아챘어요**: 남의 물건을 재빨리 빼앗거나 가로챘어요.
* **요란한**: 시끄럽고 떠들썩한.

1 이 글에 나오는 인물은 누구와 누구인지 빈칸에 쓰세요.

　　　와　　　

2 이 글에서 농부가 한 일은 무엇인가요? (　　　)

① 그물로 독수리를 잡았다.　　② 모자를 낚아채 달아났다.

③ 모자를 땅 위에 떨어뜨렸다.　　④ 돌을 쌓아 담을 만들었다.

⑤ 그물을 풀어 독수리를 구했다.

3 ㉠에서 짐작할 수 있는 농부의 마음에 ○표 하세요.

슬픈 마음	고마운 마음	부끄러운 마음
(1) (　　　)	(2) (　　　)	(3) (　　　)

4 독수리의 행동에 대해 알맞게 말한 친구에게 ○표 하세요.

[5~6] 다음을 읽고 물음에 답하세요.

*무더운 여름날이었어요. 물을 마시려던 개미가 발을 *헛디뎌 물에 빠지고 말았어요.

"앗, 살려 주세요!"

그때 마침 나무에 앉아 있던 비둘기가 그 모습을 보았어요. 비둘기는 ㉠*재빠르게 나뭇잎을 따서 개미에게 던져 주었어요.

"개미야, 어서 그 나뭇잎을 잡아!"

개미는 온 힘을 다해 나뭇잎을 잡고 땅 위로 올라왔어요.

"비둘기야, 고마워. 네 덕분에 목숨을 구했어."

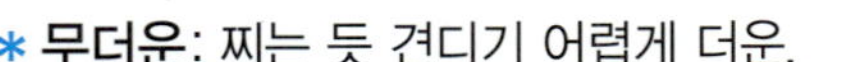

이솝, 「개미와 비둘기」

* **무더운**: 찌는 듯 견디기 어렵게 더운.
* **헛디뎌**: 발을 잘못 디뎌.
* **재빠르게**: 움직임이 아주 빠르게.

어휘 알기

5 ㉠과 뜻이 반대되는 낱말은 무엇인가요? (   )

① 날쌔게　　　② 잽싸게　　　③ 날래게

④ 느리게　　　⑤ 신속하게

내용 이해

6 다음과 같은 행동을 한 인물을 골라 ○표 하세요.

여름날에 물을 마시려고 했다.	나뭇잎을 따서 던져 주었다.	나뭇잎을 잡고 땅 위로 올라왔다.
(1) (개미 / 비둘기)	(2) (개미 / 비둘기)	(3) (개미 / 비둘기)

1 다음 뜻에 알맞은 낱말을 선으로 이으세요.

(1) 시끄럽고 떠들썩하다.

(2) 찌는 듯 견디기 어렵게 덥다.

(3) 남의 물건을 재빨리 빼앗거나 가로채다.

㉮ 무덥다

㉯ 요란하다

㉰ 낚아채다

2 보기 처럼 나머지 셋을 포함하는 낱말에 색칠하세요.

보기 | 감나무 | 밤나무 | 벚나무 | 나무

(1) 개미 | 나비 | 곤충 | 벌

(2) 독수리 | 비둘기 | 까치 | 새

(3) 농부 | 직업 | 가수 | 의사

오늘 학습은 어땠나요? ☑해 보세요. 쉬움 ☐ 보통 ☐ 어려움 ☐

강아지를 찾습니다!

- **이름:** 방울이
- **나이:** 5살
- **잃어버린 날짜:** 20△△년 5월 27일 목요일
- **잃어버린 장소:** 행복넘실마을 놀이터 앞
- **특징:** 털은 전체적으로 하얀색이며 귀와 꼬리 부분은 갈색입니다. 등에는 하트 모양의 갈색 털이 나 있습니다. 잃어버린 날에는 아래 사진과 같은 분홍색 목줄을 차고 있었습니다. 사람을 잘 따르고, '앉아', '기다려!' 같은 말을 알아듣습니다.

  잠깐 대문을 열어 놓은 사이 방울이가 바깥으로 나갔습니다. 온 가족이 *부랴부랴 찾아 나섰지만 방울이는 어디에도 없었습니다. 그래서 이렇게 방울이를 찾는 *안내문을 붙입니다. 우리 방울이를 보거나 ㉠*보호하고 계신 분이 있다면, 아래의 연락처로 꼭 전화해 주세요. 방울이는 우리 가족이 정성껏 키우고 돌본 강아지입니다. 제 동생과도 같아요. 제발 우리 방울이를 찾을 수 있도록 도와주세요.

연락처: 010-□□□□-△△△△

* **부랴부랴:** 매우 급하게 서두르는 모양을 나타내는 말.
* **안내문:** 어떤 내용을 소개하여 알려 주는 글.
* **보호하고:** 위험하거나 곤란하지 않게 보살펴 돌보고.

어떻게 읽을까?

글에서 방울이에 대해 설명하고 있는 내용을 꼼꼼하게 살피며 읽어 봐.

내용 이해

1 글쓴이가 이 글을 쓴 까닭에 ○표 하세요.

(1) 다른 강아지를 키우려고　　　　(　　　　　)

(2) 키우는 강아지를 자랑하려고　(　　　　　)

(3) 잃어버린 강아지를 찾으려고　(　　　　　)

내용 이해

2 이 글의 내용으로 알맞지 <u>않은</u> 것은 무엇인가요? (　　　　　)

① 방울이는 5살 된 강아지이다.

② 방울이는 글쓴이에게 동생과도 같다.

③ 방울이를 잃어버린 날은 5월 27일이다.

④ 방울이는 잠깐 대문을 열어 놓은 사이에 집을 나갔다.

⑤ 방울이는 '앉아', '기다려!' 같은 말을 알아듣지 못한다.

추론하기

3 이 글을 읽고 방울이를 가장 알맞게 그린 그림에 ○표 하세요.

(1) (　　　　　)　　　(2) (　　　　　)　　　(3) (　　　　　)

어휘 알기

4 ㉠과 뜻이 비슷한 낱말을 <u>두 개</u> 고르세요. (　　,　　)

① 잡고　　　　② 돌보고　　　　③ 앞서고

④ 모르고　　　　⑤ 보살피고

[5~6] 다음을 읽고 물음에 답하세요.

> 안녕하세요? 저는 초록마을에 살고 있는 사람이에요. 강아지를 찾는 글을 보고 연락드려요. 지난 금요일에 혼자 *골목길을 돌아다니는 강아지를 보고, 주인을 잃어버린 것 같아 집으로 데려왔어요. 등에 하트 모양의 털이 있는 것을 보니 방울이가 *확실하네요. 이 번호로 전화하시면 저희 집 주소를 알려 드릴게요. 강아지는 잘 있으니 걱정 마시고 데리러 오세요!

* **골목길**: 큰길에서 들어가 동네 안을 이리저리 통하는 좁은 길.
* **확실하네요**: 틀림없이 그러하네요.

5 이 글의 내용으로 알맞으면 ○표, 알맞지 <u>않으면</u> ✕표 하세요.

(1) 강아지를 찾는 글을 보고 연락했다. ( )

(2) 집에 데려온 강아지는 방울이가 맞는지 알고 싶다. ( )

(3) 강아지가 주인을 잃어버린 것 같아 집으로 데려왔다. ( )

6 글쓴이와 비슷한 경험을 한 친구에게 ○표 하세요.

1 첫소리를 참고해 다음 뜻에 알맞은 낱말을 빈칸에 쓰세요.

(1) ㅇ ㄴ ㅁ
어떤 내용을 소개하여 알려 주는 글.

(2) ㅂ ㄹ ㅂ ㄹ
매우 급하게 서두르는 모양을 나타내는 말.

(3) ㄱ ㅁ ㄱ
큰길에서 들어가 동네 안을 이리저리 통하는 좁은 길.

2 밑줄 친 낱말과 바꾸어 쓸 수 있는 낱말을 보기에서 찾아 쓰세요.

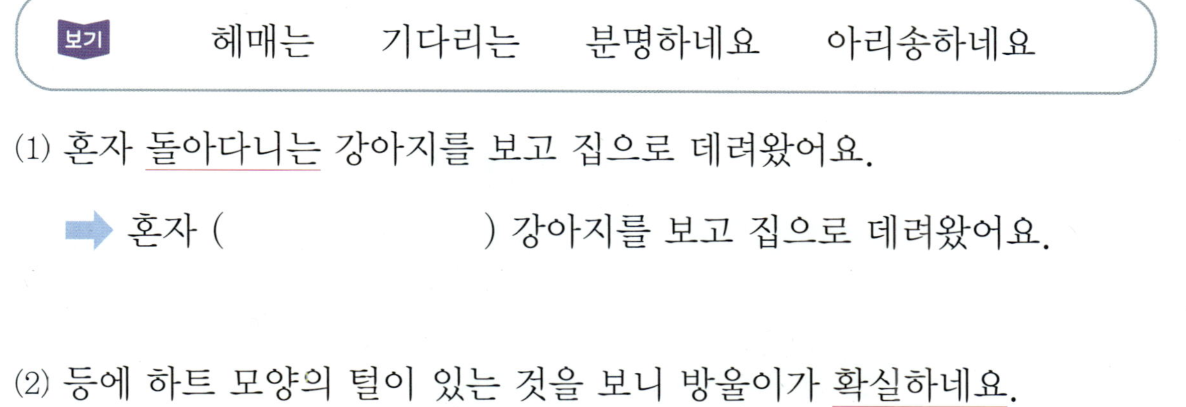

보기   헤매는   기다리는   분명하네요   아리송하네요

(1) 혼자 돌아다니는 강아지를 보고 집으로 데려왔어요.

➡ 혼자 (   ) 강아지를 보고 집으로 데려왔어요.

(2) 등에 하트 모양의 털이 있는 것을 보니 방울이가 확실하네요.

➡ 등에 하트 모양의 털이 있는 것을 보니 방울이가 (   ).

오늘 학습은 어땠나요? ✔해 보세요.   쉬움 ☐   보통 ☐   어려움 ☐

능텅 감투

옛날에 어떤 영감이 산길을 가는데 날이 저물었어. 주위를 살폈지만 집이라곤 없었지. 영감은 *궁리 끝에 *무덤 옆에서 자기로 했어.

"이봐, 김 서방."

무덤 옆에 누운 영감이 막 잠들려는데, 어디서 목소리가 들렸어.

"왜 그러나?"

이번에는 또 다른 목소리가 났지. 영감이 가만히 들어 보니 무덤 안에서 나는 소리였어. 그러니까 귀신들이 주고받는 소리였던 거야. 영감은 귀신들이 무슨 얘기를 하나 궁금해서 귀를 기울였어.

"아랫마을 부잣집에서 *제사를 지낸다네. 음식이나 먹으러 가세."

"가고 싶지만 난 손님이 들어서 못 가."

"손님하고 같이 가면 되지."

귀신들이 말한 손님은 바로 영감이었어. 곧 무덤에서 귀신들이 스르르 나왔지. 귀신들은 영감에게 *감투를 턱 씌워 줬어.

"이 능텅 감투를 쓰면 사람 눈에 안 보이니 함께 가세."

영감은 하는 수 없이 귀신들을 따라갔어. 아랫마을로 내려가 큰 기와집으로 들어갔지. ㉠그런데 진짜로 사람들이 아무도 영감을 못 보는 거야.

> **어떻게 읽을까?**
> 영감이 처한 상황을 살펴보고 그때 어떤 마음이 들었을지 생각하며 읽어 봐.

* **궁리**: 마음속으로 이리저리 따져 깊이 생각함.
* **무덤**: 죽은 사람을 땅에 묻은 곳.
* **제사**: 음식을 차려 놓고 신이나 죽은 조상에게 절하는 의식.
* **감투**: 옛날에 벼슬아치들이 머리에 쓰던 작은 모자.

1 영감이 날이 저물어 자기로 한 곳은 어디인가요? (   )

① 오두막집   ② 바위 옆   ③ 무덤 옆

④ 나무 아래   ⑤ 아랫마을 부잣집

2 '능텅 감투'의 특징으로 (   ) 안에 알맞은 낱말을 골라 ○표 하세요.

> 능텅 감투를 쓰면 (귀신 / 사람) 눈에 보이지 않는다.

3 ㉠의 상황에서 짐작할 수 있는 영감의 마음은 무엇인가요? (   )

① 슬픈 마음   ② 그리운 마음   ③ 부러운 마음

④ 신기한 마음   ⑤ 짜증스러운 마음

4 일이 일어난 차례에 맞게 빈칸에 숫자를 쓰세요.

(1)

(2)

(3)

(4)

영감은 귀신들과 방으로 들어갔어. 귀신들은 제사상 앞에 앉더니 음식을 먹기 시작했어. 영감도 따라서 음식을 먹었지. 그런데 귀신들은 음식을 먹어도 *표가 안 나는데, 영감은 사람이라 금세 표가 나. 영감이 음식을 집으면 *공중에 음식이 둥둥 떠다녔어. 귀신들이 먹는 음식은 고대로인데, 영감이 먹는 음식은 쑥쑥 줄어들었지.

㉠제사상 앞에 있던 사람들은 새하얗게 질려서 소리를 지르고 한바탕 *난리가 났어.

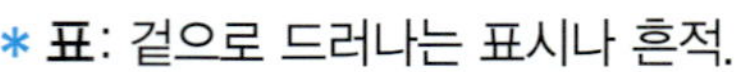

* **표**: 겉으로 드러나는 표시나 흔적.
* **공중**: 하늘과 땅 사이의 빈 곳.
* **난리**: 놀라거나 흥분하여 소란스럽게 떠드는 일.

내용 이해

5 이 글의 내용으로 알맞으면 ○표, 알맞지 <u>않으면</u> ✕표 하세요.

(1) 귀신이 먹는 음식은 줄어들지 않았다. ( )

(2) 영감은 제사상에 있는 음식을 먹지 않았다. ( )

(3) 영감이 음식을 집으면 공중에 음식이 둥둥 떠다녔다. ( )

추론하기

6 ㉠에 나타난 사람들의 마음을 알맞게 짐작한 친구는 누구인가요? ( )

① 시아: 기쁘고 뿌듯한 마음이었을 거야.

② 지민: 놀라고 무서운 마음이었을 거야.

③ 보라: 귀찮고 지루한 마음이었을 거야.

④ 규준: 재미있고 신나는 마음이었을 거야.

⑤ 다은: 만족스럽고 후련한 마음이었을 거야.

1 비슷한 뜻을 가진 낱말끼리 적힌 돌을 밟아야 강을 건널 수 있어요. 비슷한말끼리 짝 지어진 돌에 색칠하세요.

오늘 학습은 어땠나요? ☑해 보세요.　　　쉬움 ☐　　　보통 ☐　　　어려움 ☐

나는 이것을 좋아해요!

초등학교 1학년 김민준입니다. 저는 좋아하는 것이 세 가지예요.

첫 번째로 좋아하는 것은 종이접기예요. 종이를 요리조리 접으면 고운 장미꽃도, 폴짝폴짝 뛰어다니는 개구리도, 길쭉한 바나나도 뚝딱 만들어 낼 수 있어요. 무엇이든 만들어 낼 수 있어서 종이접기를 할 때면 *마법사가 된 기분이 들어요.

저는 책 읽기도 좋아해요. 책을 읽으면 *흥미진진한 *모험을 떠날 수 있거든요. 책장을 펼치면 귀여운 요정, 말하는 사자도 만날 수 있어요. 아주 먼 옛날이나 *미래로 여행을 떠날 수도 있지요. 또, 책을 통해 몰랐던 사실을 많이 알 수 있어요. 깊은 바다에는 어떤 물고기가 사는지, 코딱지는 왜 생기는지 같은 것을 말이에요.

마지막으로 제가 좋아하는 것은 노래 부르기예요. 노래는 혼자 불러도 재미있고, 친구와 불러도 재미있어요. *목청껏 불러도 신나고 작은 목소리로 흥얼흥얼 불러도 재미나지요. 어떻게 불러도 노래를 부르면 기분이 좋아져요. 그래서 저는 노래 부르기를 좋아해요.

* **마법사**: 마법으로 신기한 일이 일어나게 하는 사람.
* **흥미진진한**: 흥미가 많고 무척 재미있는.
* **모험**: 위험을 무릅쓰고 어떤 일을 용감하게 해 보는 것.
* **미래**: 앞으로 올 날.
* **목청껏**: 있는 힘을 다해서 목소리를 크게.

내용 이해

1 이 글에서 설명하는 것은 무엇인가요? (　　　　)

① 내가 잘하는 것 　　② 내가 좋아하는 것

③ 내가 싫어하는 것 　　④ 내가 갖고 싶은 것

⑤ 내가 되고 싶은 것

내용 이해

2 글쓴이는 종이접기를 할 때면 무엇이 된 기분이 든다고 했는지 ○표 하세요.

(1) (　　　　　)　　　(2) (　　　　　)　　　(3) (　　　　　)

구조 알기

3 다음은 이 글의 내용을 간추린 것이에요. 빈칸에 들어갈 알맞은 말을 쓰세요.

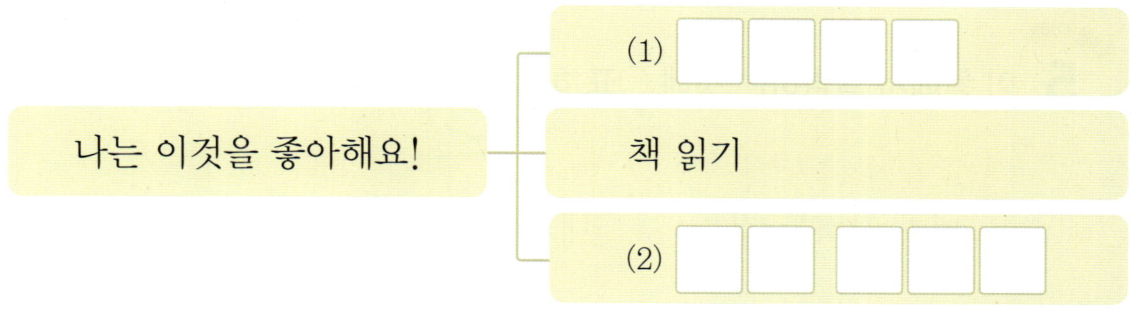

문제 해결

4 이 글을 발표할 수 있는 상황을 골라 기호를 쓰세요.

> ㉮ 새 학년을 맞아 친구들 앞에서 나를 소개할 때.
> ㉯ 어버이날에 부모님께 감사하다는 인사를 드릴 때.

(　　　　　　　　　)

[5~6] 다음을 읽고 물음에 답하세요.

나는 달리기를 잘해요. 짧은 거리도, 긴 거리도 빠르게 달릴 수 있지요. 그래서 운동회를 할 때면 *항상 달리기 *시합에 반 대표로 나간답니다. 친구들은 내가 달리는 모습이 꼭 바람 같대요.

나는 축구도 잘해요. 하루도 거르지 않고 *꾸준히 연습을 하거든요. 그래서인지 한번 공을 잡으면 *쉽사리 뺏기지 않아요. 상대편 선수 여럿이 막아서도 　㉠　 골을 넣고야 만답니다. 이처럼 달리기와 축구는 내가 잘하는 것이에요.

＊ **항상**: 언제나 변함없이.
＊ **시합**: 운동 등의 경기에서 서로 실력을 발휘하여 승부를 겨룸.
＊ **꾸준히**: 한결같이 부지런하고 끈기가 있는 태도로.
＊ **쉽사리**: 어렵거나 힘들지 않고 쉽게.

5 이 글에서 설명하는 것에 ○표 하세요.

내가 잘하는 것	내가 좋아하는 것	내가 되고 싶은 것
(1) (　　)	(2) (　　)	(3) (　　)

어휘 알기

6 ㉠에 들어갈 알맞은 낱말은 무엇인가요? (　　)

① 별로　　　　② 반듯이　　　　③ 실수로

④ 반드시　　　　⑤ 어쩌다가

1 다음 뜻에 알맞은 낱말을 [보기]에서 찾아 길을 따라 만나는 빈칸에 쓰세요.

| [보기] | 모험 | 시합 | 미래 |

2 밑줄 친 낱말과 뜻이 비슷한 낱말에 색칠하세요.

(1) 운동회를 할 때면 <u>항상</u> 달리기 시합에 반 대표로 나간답니다.

가끔   이따금   언제나

(2) 책을 읽으면 아주 먼 옛날이나 <u>미래</u>로 여행을 떠날 수도 있지요.

오늘   앞날   과거

오늘 학습은 어땠나요? ✅해 보세요.　　쉬움 ☐　　보통 ☐　　어려움 ☐

23

너와 친해지고 싶어

예나야, 안녕?

나 지우야. 갑자기 쪽지를 건네서 놀랐지? 너한테 하고 싶은 얘기가 있어서 이렇게 쪽지를 보내.

며칠 전에 내가 *깜빡하고 필통을 안 가져온 날 있잖아. *당황해서 "어쩌지?" 하는 말만 되풀이하고 있었는데, 네가 무슨 일이냐고 물어봤지. *선뜻 연필도 빌려주고. 그때 네가 참 좋은 아이라는 생각이 들었어.

그래서 말인데 우리 친하게 지내지 않을래? 나는 너랑 친구하고 싶거든. 몇 번이나 얘기하려고 했는데 용기가 나지 않았어. 그럼 네 생각은 어떤지 알려 줘. 기다릴게.

— 지우가

지우에게

지우야, 네 쪽지를 보고 얼마나 　　ㄱ　　. 나도 너랑 친하게 지내고 싶었거든. 그런데 왠지 말을 꺼내기가 부끄러워서 계속 *망설였어. 너한테 연필을 빌려줬던 그날도 말을 꺼낼까 말까 고민했어.

나한테 먼저 친구하자고 *손 내밀어 줘서 정말 고마워. 앞으로 좋은 친구로 잘 지내 보자!

— 예나가

어떻게 읽을까?

글쓴이가 겪은 일을 살펴보고, 그와 비슷한 경험을 떠올리며 읽어 봐.

---

* **깜빡하고:** 기억하지 못하거나 주의를 기울이지 못하고.
* **당황해서:** 너무 뜻밖의 일이라 놀라서 어찌할 바를 몰라서.
* **선뜻:** 망설이지 않고 바로.
* **망설였어:** 이리저리 생각만 하고 태도를 결정하지 못했어.
* **손 내밀어:** 친하려고 나서 주어서.

내용 이해

1 지우가 예나에게 쪽지를 쓴 까닭은 무엇인지 빈칸에 알맞은 낱말을 쓰세요.

□□ 로 지내고 싶다는 얘기를 전하려고.

내용 이해

2 이 쪽지의 내용으로 알맞으면 ○표, 알맞지 <u>않으면</u> ✕표 하세요.

(1) 지우는 예나에게 연필을 빌려준 적이 있다. ( )
(2) 지우는 며칠 전에 깜빡하고 필통을 가져오지 않았다. ( )
(3) 예나는 지우와 친하게 지내고 싶었지만 말하지 못했다. ( )

추론하기

3 ㉠에 들어갈 말로 알맞은 것은 무엇인가요? ( )

① 슬펐는지 몰라　　　　　② 기뻤는지 몰라
③ 화났는지 몰라　　　　　④ 무서웠는지 몰라
⑤ 실망했는지 몰라

문제 해결

4 예나와 비슷한 경험을 말한 친구에게 ○표 하세요.

(1) 단짝 친구와 싸우고 다시 화해한 적이 있어.

(2) 친구에게 생일 선물로 공책을 받은 적이 있어.

(3) 좋아하는 여자아이에게 사이좋게 지내자는 편지를 받았어.

[5~6] 은서와 주하의 누리 소통망 대화를 읽고 물음에 답하세요.

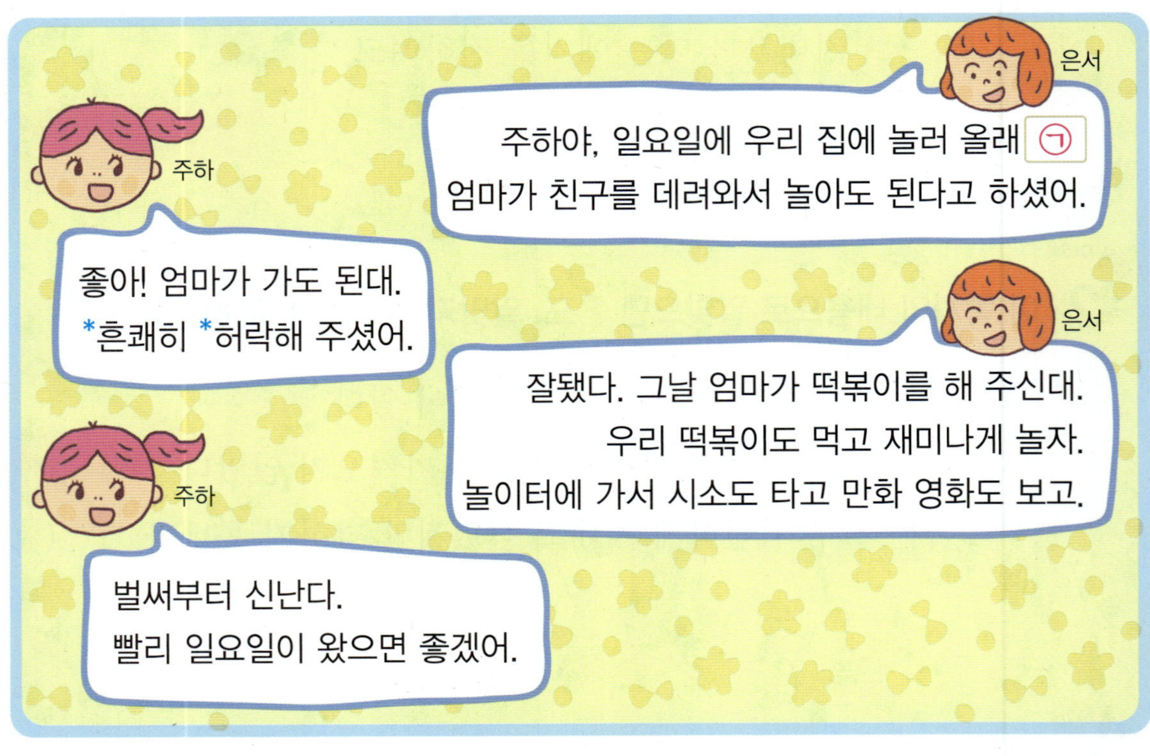

* **흔쾌히**: 망설임 없이 기분 좋게.
* **허락해**: 부탁하는 일을 들어주어.

5 ㉠에 들어갈 문장 부호는 무엇인가요? (   )

① , (쉼표)　　　　② . (마침표)　　　　③ ? (물음표)

④ ! (느낌표)　　　　⑤ " " (큰따옴표)

6 은서와 비슷한 경험을 말한 친구의 이름을 쓰세요.

> 민서: 엄마와 떡볶이를 만든 적이 있어.
>
> 은우: 방학 내내 친구를 못 본 적이 있어.
>
> 하윤: 생일날 친구를 집으로 초대한 적이 있어.

(   )

1 쪽지에 있는 낱말과 뜻이 비슷한 낱말을 보기 에서 찾아 사다리를 타고 내려가 빈칸에 쓰세요.

> 보기   승낙   기꺼이   반복하다   머뭇거리다

허락:
부탁하는 일을 들어줌.

흔쾌히:
망설임 없이 기분 좋게.

망설이다:
이리저리 생각만 하고 태도를 결정하지 못하다.

되풀이하다:
같은 말이나 행동, 일을 자꾸 거듭하다.

(1)

(2)

(3)

(4)

복숭아벌레

유희윤

네 집은 복숭아
네 밥도 복숭아

— ㉠나 여기 있습니다

우리 집에 오면
꼭 말해야 한다

우리 아빠도
복숭아를 좋아하거든

㉡*와작와작 *꿀꺽
*씨만 남기시거든

잊으면 *큰일 난다
꼭 말해야 한다

— 나 여기 있습니다

어떻게 읽을까?
복숭아를 먹는 소리 같은 흉내 내는 말이나 재미있는 표현을 찾으면서 시를 읽어 봐.

* **와작와작**: 조금 단단한 물체를 마구 깨물어 씹을 때 나는 소리나 모양.
* **꿀꺽**: 물이나 음식이 목구멍으로 한꺼번에 많이 넘어가는 소리나 모양.
* **씨**: 열매 속에 있는, 앞으로 싹이 터서 자라게 될 단단한 물질.
* **큰일**: 큰 사고나 안 좋은 일.

1 ㉠은 누구인지 빈칸에 알맞은 낱말을 쓰세요.

추론하기

2 이 시를 읽고 떠올릴 수 <u>없는</u> 장면에 ○표 하세요.

(1) (   )   (2) (   )   (3) (   )

비판하기

3 이 시에서 재미있는 부분을 알맞게 말한 친구의 이름을 쓰세요.

> 수아: 아이가 집에 오면 아빠께 "나 여기 있습니다."라고 말한다는 부분이 재미있어.
>
> 건우: 복숭아벌레에게 우리 집에 오면 "나 여기 있습니다."라고 말하라고 한 부분이 재미있어.

(   )

어휘 알기

4 ㉡이 바르게 쓰인 문장은 무엇인가요? (   )

① 함박눈이 <u>와작와작</u> 온다.

② 깍두기를 <u>와작와작</u> 먹었다.

③ 주전자에서 물이 <u>와작와작</u> 끓는다.

④ 나비가 풀밭을 <u>와작와작</u> 날아다닌다.

⑤ 금방 찐 호빵에서 김이 <u>와작와작</u> 난다.

[5~6] 다음을 읽고 물음에 답하세요.

＊ **포클레인**: 땅을 팔 수 있도록 큰 삽이 달린 차.
＊ **트럭**: 짐을 실어 나르는 큰 자동차.
＊ **고봉밥**: 그릇 위로 수북하게 높이 담은 밥.

5 이 시에서 포클레인이 트럭에게 먹여 주는 것은 무엇인지 쓰세요.

6 이 시에서 재미있는 부분을 알맞게 말한 친구에게 ○표 하세요.

(1) 트럭과 포클레인이 젓가락처럼 나란히 있다고 표현한 부분이 재미있어.

(2) 트럭에서 나는 부릉부르릉 소리를 트림 소리라고 표현한 부분이 재미있어.

1 다음 뜻에 알맞은 낱말을 빈칸에 쓰세요.

(1) 그릇 위로 수북하게 높이 담은 밥.

(2) 짐을 실어 나르는 큰 자동차.

(3) 열매 속에 있는, 앞으로 싹이 터서 자라게 될 단단한 물질.

(4) 조금 단단한 물체를 마구 깨물어 씹을 때 나는 소리나 모양.

2 빈칸에 들어갈 알맞은 낱말에 ○표 하세요.

(1) ☐을 담다.　　흑　　흙

(2) 물고기를 ☐.　　낙다　　낚다

(3) 의자에 ☐.　　앉다　　않다

가믄장아기

옛날, 윗마을에는 강이영성이라는 남자 *거지가 살고, 아랫마을에는 홍은소천이라는 여자 거지가 살았어. ㉠어느 해 *흉년이 들자 강이영성과 홍은소천은 밥을 얻어먹기가 힘들어졌어. 그래서 윗마을에 사는 강이영성은 아랫마을로, 아랫마을에 사는 홍은소천은 윗마을로 가기로 했지. 다른 마을은 *풍년이 들었을 거라고 생각했거든. 그렇게 길을 떠난 두 사람은 중간에서 우연히 마주쳤어.

"힘든 사람들끼리 *의지하며 살면 어떻겠소? 우리 부부가 됩시다."

강이영성이 말하자, 홍은소천도 수줍게 그러자고 대답했어.

㉡부부가 된 두 사람은 얼마 뒤 딸을 낳았어. 마을 사람들은 부부의 가난한 *형편을 알고 돕기로 했지. 아기에게 먹이라고 은그릇에 죽을 쑤어다 줬단다. 부부는 첫째 딸 이름을 '은장아기'라고 지었어.

몇 년 뒤, 부부가 둘째 딸을 낳자 마을 사람들은 *놋그릇에 죽을 쑤어다 줬어. 그래서 둘째 딸의 이름을 '놋장아기'가 되었지. 다음 해 셋째 딸을 낳자 마을 사람들은 검은 나무바가지에 죽을 쑤어다 주었고, 부부는 셋째 딸의 이름을 '가믄장아기'라고 지었어.

* **거지**: 남에게 빌어먹고 사는 사람.
* **흉년**: 농사가 다른 해보다 잘되지 않아 굶주리게 된 해.
* **풍년**: 농사가 잘된 해.
* **의지하며**: 마음을 기대어 도움을 받으며.
* **형편**: 살림살이의 상태나 처지.
* **놋그릇**: 놋쇠로 만든 그릇.

어떻게 읽을까?

인물이 처한 상황에서 어떤 표정이나 목소리가 어울릴지 상상하며 읽어 봐.

내용 이해

1 이 글의 내용으로 알맞으면 ○표, 알맞지 <u>않으면</u> ✕표 하세요.

⑴ 강이영성은 남자, 홍은소천은 여자이다.   (   )

⑵ 마을 사람들은 부부가 딸을 낳자 모른 척했다.   (   )

⑶ 강이영성과 홍은소천은 만나서 부부가 되었다.   (   )

추론하기

2 ㉠의 상황에서 강이영성과 홍은소천의 표정을 짐작한 것에 ○표 하세요.

  ⑴ (   )   ⑵ (   )   ⑶ (   )

어휘 알기

3 다음 빈칸에 들어갈 알맞은 낱말은 무엇인가요? (   )

> 부부는 딸을 낳을 때마다 마을 사람들이 죽을 쑤어 준 그릇의 특징에 '[   ]'(이)라는 말을 붙여서 이름을 지었다.

① 아들   ② 아기   ③ 은장   ④ 놋장   ⑤ 가믄장

추론하기

4 ㉡의 상황에서 부부의 마음을 알맞게 짐작한 것에 ○표 하세요.

서운한 마음	두려운 마음	고마운 마음
⑴ ( )	⑵ ( )	⑶ ( )

[5~6] 다음을 읽고 물음에 답하세요.

> 세 딸이 자라며 신기하게도 살림이 좋아져서 부자가 되었어.
> 그러던 어느 날, 부부는 세 딸을 불러 놓고 차례로 물었어.
> "너는 누구 덕에 먹고사느냐?"
> "하늘님 덕, 땅님 덕, 아버님 덕, 어머님 덕에 먹고살지요."
> 은장아기와 놋장아기는 이렇게 말했지만 가믄장아기는 달랐어.
> "하늘님, 땅님, 아버님, 어머님 덕도 있지만 제 덕에 먹고살지요."
> ㉠"뭣이? 부모 은혜도 모르는 것! 당장 집에서 나가거라!"
> 부부는 가믄장아기에게 *호통을 쳤어.

＊**호통**: 몹시 화가 나서 크게 지르는 소리.

내용 이해

5 부부의 질문에 다음과 같이 대답한 인물에게 ○표 하세요.

(은장아기 / 놋장아기 / 가믄장아기)

추론하기

6 ㉠을 실감 나게 읽을 때 어울리는 목소리는 무엇인가요? (　　　)

① 슬픈 목소리　　　② 화난 목소리　　　③ 기쁜 목소리

④ 신나는 목소리　　　⑤ 겁먹은 목소리

1 다음 낱말에 알맞은 뜻을 선으로 이으세요.

(1) 거지 •

(2) 호통 •

(3) 풍년 •

(4) 흉년 •

㉮ 농사가 잘된 해.

㉯ 남에게 빌어먹고 사는 사람.

㉰ 몹시 화가 나서 크게 지르는 소리.

㉱ 농사가 다른 해보다 잘되지 않아 굶주리게 된 해.

2 서로 반대되는 뜻을 가진 구슬끼리 줄로 묶으세요.

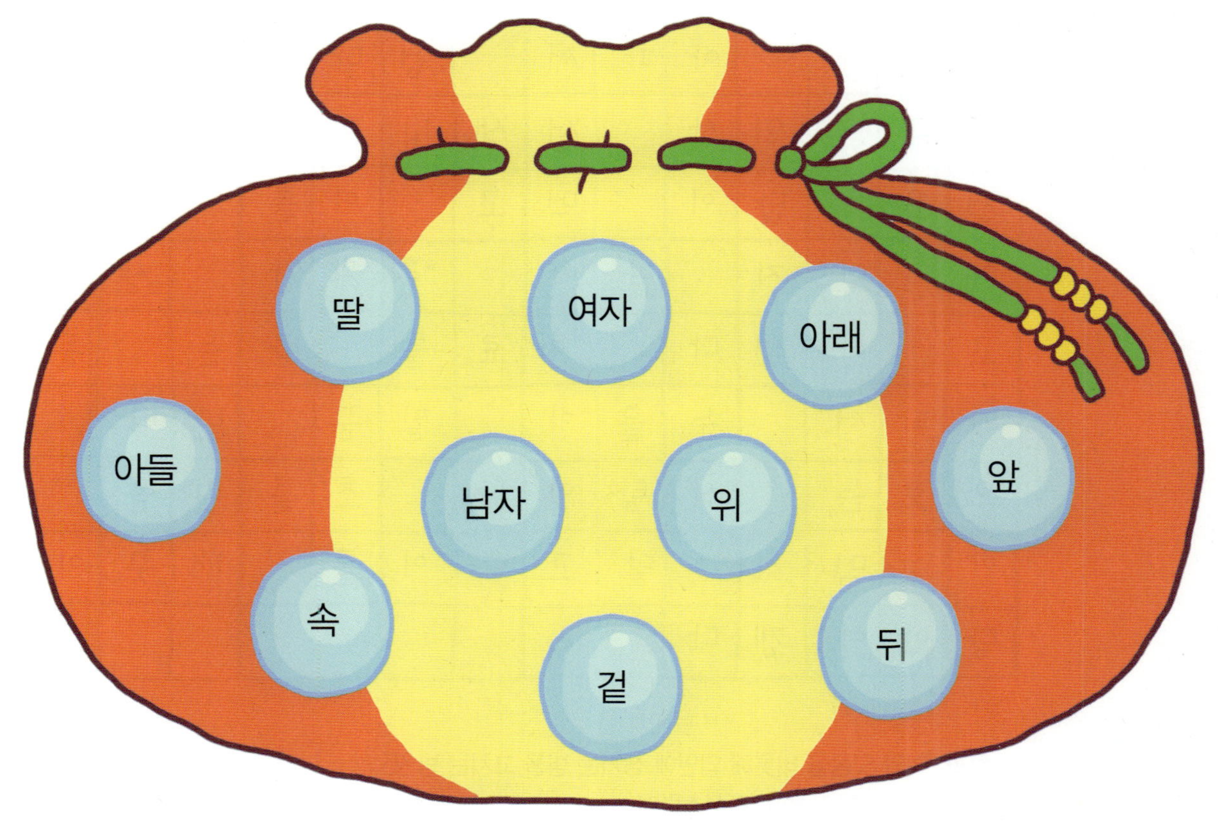

오늘 학습은 어땠나요? ✔해 보세요.   쉬움 ☐   보통 ☐   어려움 ☐

그림일기 글쓴이가 겪은 일 찾기

제목	치과에 간 날		
날짜	20△△년 7월 25일 목요일	날씨	해가 쨍쨍

이가 아파서 엄마와 *치과에 갔다. 의사 선생님은 내가 단 것을 많이 먹고 이를 ㉠*꼼꼼하게 닦지 않아 *충치가 생겼다고 하셨다. *치료를 받는 동안 아파서 눈물이 찔끔 났다. 앞으로는 사탕이나 초콜릿을 많이 먹지 말고 이를 깨끗이 닦아야겠다.

어떻게 읽을까?
글쓴이가 보거나 듣거나 한 일이 무엇인지 겪은 일을 찾으며 읽어 봐.

＊ **치과**: 이와 잇몸을 비롯해 입안에 생기는 병을 고치는 병원.
＊ **꼼꼼하게**: 빈틈이 없이 조심스럽게.
＊ **충치**: 벌레가 파먹은 것처럼 상한 이.
＊ **치료**: 병이나 다친 데를 고쳐 낫게 함.

내용 이해

1 글쓴이가 겪은 일은 무엇인가요? (   )

① 감기에 걸려 앓아누운 일

② 눈이 아파서 병원에 간 일

③ 이가 아파서 충치를 치료받은 일

④ 발을 다쳐서 눈물을 찔끔 흘린 일

⑤ 아이스크림을 많이 먹어서 배탈이 난 일

구조 알기

2 이와 같은 글을 쓰는 방법으로 알맞지 <u>않은</u> 것에 ○표 하세요.

글에서 가장 중요한 내용을 그림으로 그린다.	있었던 일과 그 일에 대한 마음이 잘 드러나게 쓴다.	제목은 써야 하지만 날짜와 날씨는 쓰지 않아도 된다.
(1) ( )	(2) ( )	(3) ( )

어휘 알기

3 ㉠과 바꾸어 쓸 수 있는 낱말에 ○표 하세요.

간단하게	적당하게	빈틈없게

내용 이해

4 글쓴이가 어떤 생각을 했는지 찾아 쓰세요.

앞으로는 사탕이나 초콜릿을 많이 먹지 말고 ____________________

저녁 식사를 마친 후 나는 그냥 방으로 가려다 걸음을 멈췄습니다. 지난번 치과에 다녀온 뒤로 열심히 이를 닦기로 마음먹었기 때문입니다.

나는 욕실로 가서 칫솔에 치약을 묻힌 뒤 구석구석 이를 닦았습니다. 이를 닦고 나오자 엄마가 *양치질을 *꼬박꼬박 잘한다며 칭찬해 주셨습니다. 아빠도 머리를 쓰다듬어 주셨습니다. ㉠엄마, 아빠의 칭찬을 듣자 어깨가 *으쓱해졌습니다. 나는 앞으로 이를 잘 닦아야겠다고 다시 한번 *다짐했습니다.

＊ **양치질**: 이를 닦고 물로 입안을 씻어 내는 일.
＊ **꼬박꼬박**: 어떤 일을 한 번도 빠뜨리지 않고 계속하는 모양.
＊ **으쓱해졌습니다**: 어깨를 들먹이며 우쭐해했습니다.
＊ **다짐했습니다**: 앞으로 할 일이 틀림이 없음을 단단히 확인했습니다.

내용 이해

5 이 글에서 '나'가 겪은 일에 ○표 하세요.

⑴ 손을 잘 씻는다며 칭찬을 받았다. (   )

⑵ 양치질을 꼬박꼬박 잘한다며 칭찬을 받았다. (   )

⑶ 방을 구석구석 깨끗이 청소했다며 칭찬을 받았다. (   )

추론하기

6 ㉠에 나타난 '나'의 마음을 표현한 그림에 ○표 하세요.

⑴ (   )   ⑵ (   )   ⑶ (   )

1 다음 뜻에 알맞은 낱말을 따라 줄을 그어 가며 집으로 가는 길을 찾으세요.

오늘 학습은 어땠나요? ☑해 보세요.   쉬움 ☐   보통 ☐   어려움 ☐

설명문 제목 붙이기

ㄱ

　일기는 그날 가장 *인상 깊었던 일과 그 일에 대한 생각이나 느낌을 쓰는 글이에요. 일기를 쓰면 좋은 점이 많답니다.

　우선 일기를 쓰면 더 나은 사람이 될 수 있어요. 일기를 쓸 때에는 자신의 하루를 돌아보게 돼요. 잘못한 일에 대해서는 *반성하고, 잘한 일은 '앞으로 더 잘해야지.' 하는 다짐을 하게 되지요. 이런 과정을 통해 '나' 스스로를 더 좋은 사람으로 키워 나갈 수 있어요.

　또 일기를 쓰면 글쓰기 실력을 기를 수 있어요. 일기를 쓰려면 어떤 일을 *글감으로 사용할지 생각해야 돼요. *적절한 낱말을 사용해 자신의 마음이나 생각을 표현해야 하지요. 그래서 일기를 쓰면 글을 쓰는 실력이 쑥쑥 늘어요.

　마지막으로 일기를 쓰면 ㄴ훗날 소중한 추억을 쉽게 떠올릴 수 있어요. 일기는 '나'에 대한 기록이에요. 일기 안에는 가족이나 친구와 어떤 일이 있었는지, 그때 내 마음이 어떠했는지가 모두 담겨 있지요. 이 때문에 시간이 오래 지나도 일기를 펼쳐 보면 옛날 일을 *생생하게 떠올릴 수 있답니다.

* **인상**: 어떤 것을 보거나 어떤 일을 겪은 뒤에 마음에 새겨진 느낌.
* **반성하고**: 자신의 말과 행동에 대하여 잘못이나 부족함이 없는지 돌이켜보고.
* **글감**: 글의 내용이 되는 재료.
* **적절한**: 꼭 알맞은.
* **생생하게**: 바로 눈앞에 보는 것처럼 명백하고 또렷하게.

내용 이해

1 ㉠에 들어갈 제목으로 알맞은 것에 ○표 하세요.

편지를 써야 하는 까닭	일기를 꼭 써야 하는 까닭	독서 감상문을 쓰면 좋은 점
(1) ( )	(2) ( )	(3) ( )

내용 이해

2 이 글의 내용으로 알맞지 <u>않은</u> 것은 무엇인가요? (   )

① 일기는 '나'에 대한 기록이다.

② 일기를 쓰면 글을 쓰는 실력이 쑥쑥 늘어난다.

③ 일기를 쓸 때에는 자신의 하루를 돌아보게 된다.

④ 일기를 쓰면 앞으로 일어날 일을 미리 알 수 있다.

⑤ 일기를 써 두면 시간이 지나도 옛날 일을 생생하게 떠올릴 수 있다.

어휘 알기

3 ㉡의 뜻을 알맞게 말한 친구의 이름을 쓰세요.

> 준서: '앞으로 올 날'이라는 뜻으로, '뒷날'과 바꾸어 쓸 수 있어.
>
> 정연: '이미 지나간 날'이라는 뜻으로, '옛날'과 바꾸어 쓸 수 있어.

(   )

문제 해결

4 이 글과 관련 있는 자신의 경험을 말한 친구에게 ○표 하세요.

1분을 1시간처럼 *소중히 써요.
시간은 누구에게나 매일 주어지는 삶의
동전이에요. 매일 생기지만 모으거나
은행에 *저축할 수 없고, 한번 써 버린 시간은
다시 돌아오지 않는답니다.
그러니 소중한 시간을 아껴 써요!

* **소중히**: 매우 귀중하게.
* **저축할**: 절약하여 모아 둘.

내용 이해

5 ㉠에 들어갈 제목으로 알맞은 것은 무엇인가요? (   )

① 물을 아껴 써요　　　　② 고운 말을 써요

③ 시간을 아껴 써요　　　　④ 학용품을 아껴 써요

⑤ 공부를 열심히 해요

문제 해결

6 이 글을 읽고 바르게 행동하지 <u>못한</u> 친구에게 ○표 하세요.

(1) (   )　　　　(2) (   )　　　　(3) (   )

1 빈칸에 들어갈 알맞은 낱말을 글자 카드로 만들어 쓰세요.

| 글 | 자 | 감 | 상 | 인 |

(1) ☐☐ : 글의 내용이 되는 재료.

(2) ☐☐ : 어떤 것을 보거나 어떤 일을 겪은 뒤에 마음에 새겨진 느낌.

2 밑줄 친 낱말의 뜻을 선으로 이으세요.

(1) 

㉮ 글을 짓다.

(2) 

㉯ 한약이나 씀바귀의 맛과 같다.

(3) 

㉰ 얼굴에 물건을 걸거나 덮어쓰다.

(4) 

㉱ 어떤 일을 하는 데 돈을 들이다.

오늘 학습은 어땠나요? ✔해 보세요.　　쉬움 ☐　　보통 ☐　　어려움 ☐

백두산 장생초

옛날, 백두산 아래에 있는 마을에 아들과 어머니가 살았어요. 아들이 정성껏 모셨지만 어머니의 병은 점점 깊어졌어요. 아들은 마을에서 가장 지혜로운 노인에게 어머니의 병을 고칠 방법을 물었어요.

㉠"백두산 꼭대기에 장생초라는 *약초가 있어. 그걸 먹으면 병이 나을 거야. 하지만 겨울에 어떻게 그 *험한 산에 오를 수 있겠나."

아들은 그길로 집을 나서 *눈보라가 휘몰아치는 백두산을 오르고 또 올랐지요. 그러다 지쳐 *풀썩 쓰러졌어요.

"젊은이, 괜찮나?"

아들이 눈을 뜨자 웬 할머니가 보였어요.

"이 한겨울에 백두산에는 무얼 하러 왔어?"

"장생초를 구하려고 왔습니다. 어머니를 낫게 해 드리려고요."

아들의 말을 들은 할머니는 주머니를 내밀었어요.

"그럼 부탁 하나만 하겠네. 산꼭대기에 가거든 이 주머니에 든 씨앗을 뿌려 줘. 난 힘이 없어 거기까지 못 가거든."

아들은 할머니가 주신 주머니를 받아들었어요. 그러고는 다시 기운을 내 산꼭대기로 걸음을 옮겼어요.

* **약초**: 약으로 쓰는 풀.
* **험한**: 땅의 모양이나 상태가 발을 디디기 어려울 만큼 사납고 가파른.
* **눈보라**: 세찬 바람에 날리는 눈.
* **풀썩**: 맥없이 마구 주저앉거나 내려앉는 모양.

1 ㉠은 어떤 인물이 한 말인지 ○표 하세요.

> 아들　　　어머니　　　할머니　　　지혜로운 노인

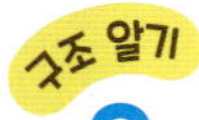

2 이 글에서 가장 <u>나중에</u> 일어난 일의 기호를 쓰세요.

> ㉮ 아들이 할머니를 만났다.
> ㉯ 아들이 산을 오르다 지쳐 쓰러졌다.
> ㉰ 아들이 장생초를 구하러 집을 나섰다.

(　　　　　)

3 할머니가 아들에게 준 주머니 안에 들어 있는 것에 ○표 하세요.

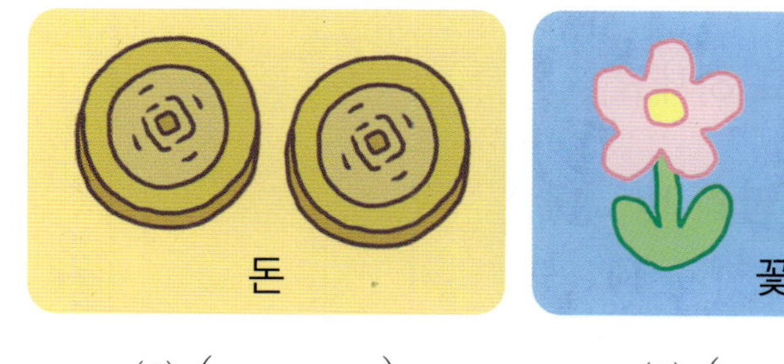

(1) (　　　)　　　　(2) (　　　)　　　　(3) (　　　)

4 다음에서 알 수 있는 아들의 성격은 어떠한가요? (　　　)

말	"장생초를 구하려고 왔습니다. 어머니를 낫게 해 드리려고요."	집을 나와서 눈보라가 치는 날씨에 백두산에 올랐음.	행동

① 명랑하다.　　　　② 지혜롭다.　　　　③ 효성스럽다.
④ 무뚝뚝하다.　　　⑤ 의심이 많다.

[5~6] 다음을 읽고 물음에 답하세요.

드디어 아들은 백두산 꼭대기에 올랐어요. 하지만 아무리 찾아도 장생초는 없었지요. 아들은 주저앉아 *한참을 울었어요.

'그래, 할머니 부탁이라도 들어드리자.'

아들은 주머니에서 씨앗을 꺼내 땅에 뿌렸어요. 그런데 씨앗은 땅에 닿자마자 *싹이 나더니 금세 자랐어요. 그때 할머니의 목소리가 바람에 실려 왔어요.

"나는 백두산의 *산신령이란다. 그 풀이 장생초니 가져가거라."

아들은 장생초를 가지고 집으로 돌아왔어요. 그 뒤 어머니의 병을 고치고 행복하게 살았답니다.

* 한참: 시간이 꽤 지나는 동안.
* 싹: 씨, 줄기, 뿌리에서 처음 돋아나는 어린잎이나 줄기.
* 산신령: 산을 지키고 다스리는 신.

5 아들이 한 일로 알맞은 것에 ○표 하세요.

(1) 할머니가 준 씨앗을 바위 밑에 버렸다. ( )

(2) 할머니가 준 씨앗을 산꼭대기에 뿌렸다. ( )

(3) 산신령에게 장생초를 찾게 해 달라고 기도했다. ( )

6 이 글에 대한 생각이나 느낌을 알맞게 말하지 <u>못한</u> 친구의 이름을 쓰세요.

서준: 아들이 어머니의 병을 고치고 행복하게 살게 되어 기뻤어.

아인: 아들이 착하고 효심이 깊어 산신령이 장생초를 준 것 같아.

지우: 산꼭대기에 있는 장생초를 못 찾다니 아들이 어리석게 느껴져.

( )

1 다음 뜻에 알맞은 낱말에 ○표 하세요.

(1) 약으로 쓰는 풀.　　잡초　약초

(2) 산을 지키고 다스리는 신.　　선녀　산신령

(3) 씨, 줄기, 뿌리에서 처음 돋아나는 어린잎이나 줄기.　　싹　열매

2 ( ) 안에 들어갈 물건을 세는 말을 보기에서 찾아 쓰세요.

보기	벌	척	채	포기	마리	자루

(1) 풀 ➡ ( )

(2) 집 ➡ ( )

(3) 배 ➡ ( )

(4) 옷 ➡ ( )

(5) 고등어 ➡ ( )

(6) 연필 ➡ ( )

오늘 학습은 어땠나요? ☑해 보세요.　　쉬움 ☐　　보통 ☐　　어려움 ☐

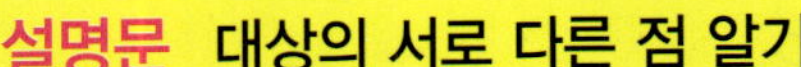

자신감과 자만심

'자신감'과 '자만심'이라는 말을 들어 본 적이 있나요? 이 둘은 비슷한 말처럼 보이지만 *차이가 있어요.

자신감은 '내가 어떤 일을 해낼 수 있다고 믿는 마음'이에요. 예를 들어, '엄마와 가게에 다녀온 적이 많으니까, 혼자서도 심부름을 잘 다녀올 수 있을 거야.', '열심히 연습했으니까 떨지 않고 발표할 수 있을 거야.' 같은 마음이 바로 자신감이에요.

자신감은 나에게 도움이 돼요. 스스로를 믿는 마음이 있으면 어떤 일이든 용기 있게 *도전할 수 있거든요. 또 다른 사람 앞에서 *주눅 들지 않고 당당하게 행동할 수 있지요.

◯ 자만심은 어떨까요? 자만심은 '스스로를 대단하다고 여기고 뽐내는 마음'이에요. '난 똑똑하니까 공부 안 해도 시험을 잘 볼 거야.', '달리기 *시합에서는 당연히 내가 일등이지.' 같은 마음이 자만심이랍니다.

이러한 자만심은 자신에게 도움이 되지 않아요. 자만심에 빠지면 노력을 하지 않게 되고, 그 때문에 일을 *그르칠 수도 있거든요.

자신감은 갖되, 자만심에는 빠지지 않도록 주의해야 한답니다.

자신감과 자만심은 어떤 점이 다른지 비교하며 읽어 봐.

* **차이**: 서로 같지 않고 다름.
* **도전할**: 어렵고 이루기 힘든 일에 용감하게 뛰어들.
* **주눅**: 기운을 제대로 펴지 못하고 움츠러드는 태도.
* **시합**: 운동 등의 경기에서 서로 실력을 발휘하여 승부를 겨룸.
* **그르칠**: 어떤 일이나 형편을 좋지 않게 하거나 잘못되게 할.

1 글쓴이가 이 글을 쓴 까닭을 알맞게 말한 친구에게 ○표 하세요.

(1) 자신감을 갖는 법에 대해 알려 주려는 거야.

(2) 자만심에서 벗어나는 법을 알려 주려고 했어.

(3) 자신감과 자만심이 왜 같은지 알려 주려고 했어.

(4) 자신감과 자만심의 차이에 대해 알려 주려는 거야.

2 이 글의 내용으로 알맞으면 ○표, 알맞지 <u>않으면</u> ×표 하세요.

(1) 자신감이 있으면 다른 사람 앞에서 당당하게 행동한다.　　(　　　)

(2) 자만심에 빠지면 일을 잘 해내기 위해 열심히 노력한다.　　(　　　)

(3) 자신감이 있으면 무슨 일이든 용기 있게 도전할 수 있다.　　(　　　)

3 다음은 이 글의 내용을 간추린 것이에요. 빈칸에 들어갈 알맞은 낱말을 쓰세요.

□□□ 은 내가 어떤 일을 해낼 수 있다고 믿는 마음으로, 나에게 도움을 준다. 그러나 □□□ 은 스스로를 대단하다고 여기고 뽐내는 마음으로, 일을 그르치게 할 수 있다. 그러므로 자신감을 가지고 자만심에 빠지지 말아야 한다.

4 다음은 어떤 마음에 해당하는지 알맞은 것에 ○표 하세요.

'난 똑똑하니까 공부 안 해도 시험을 잘 볼 거야.'

(자신감 / 자만심)

5 ㉠에 들어갈 알맞은 낱말은 무엇인가요? (   )

① 결코　　　　　② 만약　　　　　　③ 그리고

④ 그러면　　　　⑤ 그러므로

6 세 친구 중 자신감이 있는 친구에게 ○표 하세요.

1 다음 뜻에 알맞은 낱말을 보기에서 찾아 길을 따라 만나는 빈칸에 쓰세요.

| 보기 | 차이 | 주눅 | 도전 | 시합 |

서로
같지 않고
다름.

어렵고
이루기 힘든
일에 용감하게
뛰어드는 것.

기운을 제대로
펴지 못하고
움츠러드는
태도.

운동 등의
경기에서 서로
실력을 발휘하여
승부를 겨룸.

(1)　　(2)　　(3)　　(4)

오늘 학습은 어땠나요? ☑해 보세요.　　쉬움 ☐　　보통 ☐　　어려움 ☐

12

고운 말을 써요

　고운 말이란 다른 사람의 *기분을 *헤아려서 하는 말입니다. 내 말을 들으면 상대의 마음이 어떨지를 생각하고 하는 말이지요. 저는 다른 사람과 얘기할 때 늘 '고운 말'을 써야 한다고 생각합니다.

　그 까닭은 고운 말을 쓰면 상대가 마음을 다치지 않기 때문입니다. 예를 들어, 친구가 피아노를 못 쳐서 *고민할 때, "맞아, 넌 진짜 피아노 못 치더라."라고 말하면 어떨까요? 친구는 마음에 상처를 입을 것입니다. 하지만 "걱정 마. 꾸준히 연습하면 분명 잘 치게 될 거야."라고 말하면 친구는 기운이 나고 마음도 편해질 것입니다.

　또한 고운 말을 쓰면 사람들에게 좋은 *인상을 줄 수 있습니다. ㉠말은 '나'를 나타내는 얼굴입니다. 어떤 말을 하느냐에 따라 나에 대한 인상이 달라집니다. 남을 *배려하며 고운 말을 하는 사람에게는 좋은 인상을 갖게 됩니다. *반면 남을 놀리거나 상처를 주는 말을 하는 사람에게는 나쁜 인상을 갖게 됩니다.

　그러므로 우리 모두 고운 말을 씁시다.

* **기분**: 슬픔, 기쁨, 노여움처럼 마음에 생기는 여러 가지 느낌.
* **헤아려서**: 어떤 일을 미루어 짐작하거나 살펴서.
* **고민할**: 마음속에 걱정거리가 있어 괴로워하고 계속 신경 쓸.
* **인상**: 어떤 대상이 주는 느낌.
* **배려하며**: 도와주거나 보살펴 주려고 마음을 쓰며.
* **반면**: 앞의 사실과는 반대로.

내용 이해

1 글쓴이의 생각으로 알맞은 것은 무엇인가요? (   )

① 높임말을 쓰자.　　　　② 고운 말을 쓰자.

③ 대화를 많이 하자.　　　④ 거짓말을 하지 말자.

⑤ 솔직하게 이야기하자.

내용 이해

2 이 글의 내용으로 알맞으면 ○표, 알맞지 <u>않으면</u> ✕표 하세요.

(1) 고운 말은 상대를 생각하지 않고 하는 말이다.　　　　(　　　)

(2) 고운 말을 쓰면 상대가 마음을 다치는 일이 없다.　　　(　　　)

(3) 고운 말을 써야 사람들에게 좋은 인상을 줄 수 있다.　　(　　　)

추론하기

3 글쓴이가 ㉠처럼 말한 까닭을 알맞게 짐작한 친구의 이름을 쓰세요.

> 태웅: 내가 하는 말에 따라 나의 인상이 달라지기 때문이야.
>
> 지민: 얼굴이 예쁘거나 잘생기면 고운 말을 할 수 있기 때문이야.

(   )

문제 해결

4 그림 속 친구에게 할 수 있는 '고운 말'에 ○표 하세요.

(1) 정말 축하해. 역시 넌 그림에 소질이 있어.　　　　　　(　　　)

(2) 말도 안 돼. 네가 어떻게 그림 대회에서 상을 받아?　　　(　　　)

* 악성 댓글: 다른 사람이 올린 글에 비웃거나 헐뜯는 내용을 담아 올린 댓글.

 내용 이해

5 이 포스터에 나타난 글쓴이의 생각에 ○표 하세요.

인터넷 게임을 오래 하지 말자.	인터넷에 악성 댓글을 쓰지 말자.	인터넷에 재미있는 글을 올리자.
(1) ( )	(2) ( )	(3) ( )

 문제 해결

6 이 포스터를 보고 느낀 점을 알맞게 말한 친구의 이름을 쓰세요.

> 은아: 인터넷을 사용하는 시간을 줄이기로 다짐했어.
> 세미: 인터넷을 할 때 글만 읽고 댓글은 쓰지 말아야겠어.
> 주원: 인터넷에 다른 사람을 비웃는 댓글을 달지 않을 거야.

( )

1 다음 뜻에 알맞은 낱말을 글자판에서 찾아 줄로 묶으세요. (가로, 세로, 대각선에 있어요.)

기	장	고	민
분	독	수	정
경	배	음	인
격	려	상	자

(1) 어떤 대상이 주는 느낌.
　예 그 아저씨는 한 번도 웃지 않고 무뚝뚝한 ○○이야.

(2) 도와주거나 보살펴 주려고 마음을 씀.
　예 아픈 친구를 ○○하다.

(3) 마음속에 걱정거리가 있어 괴로워하고 계속 신경 씀.

(4) 슬픔, 기쁨, 노여움처럼 마음에 생기는 여러 가지 느낌.
　예 상을 받아서 ○○이 좋아요.

2 밑줄 친 낱말의 뜻으로 알맞은 것에 ○표 하세요.

(1) 고운 <u>말</u>이란 다른 사람의 기분을 헤아려 하는 말이에요.

㉮

㉯

(2) 일요일에 시골 할머니 댁에 놀러 가서 <u>밤</u>을 주워 왔어요.

㉮

㉯

(3) 아이스크림을 많이 먹었더니 <u>배</u>가 아파서 병원에 다녀왔어요.

㉮

㉯

 오늘 학습은 어땠나요? ☑해 보세요.　　쉬움 ☐　　보통 ☐　　어려움 ☐

축구부에 들고 싶다

성명진

공을 차는 축구부원들.
6학년 김수형 선수도 있다.

*방과 후
나는 *운동장가를 *서성인다.
김수형 선수처럼 되고 싶다.

우리 학교를 우승으로 이끌고
텔레비전에도 나온 스타,
*월드컵에서도 뛰겠지.

공이 밖으로 나오자
나는 재빨리 공을 따라 달렸다.
운동장 안으로 공을 던져 주었는데
달려와 받은 사람은
(가) 반갑게도 김수형 선수!

나는 신나서
운동장가를 마구 달렸다.

어떻게 읽을까?
말하는 이가 겪은 일을 살펴서 그때 어떤 마음이 들었을지 상상하며 읽어 봐.

＊ **방과**: 학교에서 하루 공부를 모두 마치는 것.
＊ **운동장가**: 운동장 주변.
＊ **서성인다**: 한곳에 서 있지 않고 주위를 왔다 갔다 한다.
＊ **월드컵**: 4년마다 열리는 국제 축구 대회.

1 '김수형 선수'에 대한 내용이 <u>아닌</u> 것은 무엇인가요? (   )

① 6학년이다.   ② 축구부원이다.

③ '나'의 친구이다.   ④ 학교를 우승으로 이끌었다.

⑤ 텔레비전에도 나온 스타이다.

2 이 시를 읽고 떠오르는 장면을 알맞게 말한 친구에게 ○표 하세요.

(1) 아이들이 운동장에서 축구하는 모습이 떠올라.

(2) 아이들이 공원으로 소풍을 나온 모습이 떠올라.

3 ㈎에 나타난 '나'의 마음으로 알맞은 것을 <u>두 개</u> 고르세요. (,   )

① 슬픈 마음   ② 화난 마음   ③ 반가운 마음

④ 부러운 마음   ⑤ 신나는 마음

4 '나'와 비슷한 경험을 말한 친구의 이름을 쓰세요.

> 민아: 학교에서 집으로 가는 길에 단짝 친구와 손을 잡고 도란도란
>   이야기를 나눈 적이 있어.
>
> 재희: 텔레비전에 나오는 수영 선수를 보고, 나도 저렇게 멋진 수영
>   선수가 되고 싶다고 생각한 적이 있어.

(   )

[5~6] 다음을 읽고 물음에 답하세요.

다 그래

정유경

쉬는 시간이 십 분쯤
길어지면 좋겠어.

－너도 그래?
　나도 그래.

우린 다 그래?

*소풍이 열 *배쯤
많아지면 좋겠어.

－너도 그래㉠?
　나도 그래.

우린 다 그래!

＊ **소풍**: 학교에서, 자연 관찰이나 역사 유적 등의 견학을 겸해 야외로 나갔다 오는 일.
＊ **배**: 같은 수나 양을 여러 번 더한 만큼.

내용 이해

5 이 시에서 '나'가 바라는 것을 <u>두 개</u> 고르세요. (　　,　　)

① 소풍이 열 배쯤 많아지면 좋겠다.
② 음악 시간이 열 배쯤 많아지면 좋겠다.
③ 쉬는 시간이 십 분쯤 길어지면 좋겠다.
④ 좋아하는 아이와 짝이 되었으면 좋겠다.
⑤ 방학이 끝나 빨리 친구들과 만났으면 좋겠다.

어휘 알기

6 ㉠의 문장 부호가 들어갈 수 있는 문장에 ○표 하세요.

(1) 와, 꽃이 정말 아름답다☐　　　　　　　　　　(　　　)

(2) 민지야, 너 숙제 다 했어☐　　　　　　　　　　(　　　)

(3) 수아가 문구점에서 필통과 지우개를 샀다☐　　(　　　)

1 다음 뜻에 알맞은 낱말을 찾아 사다리를 타고 내려가 ○표 하세요.

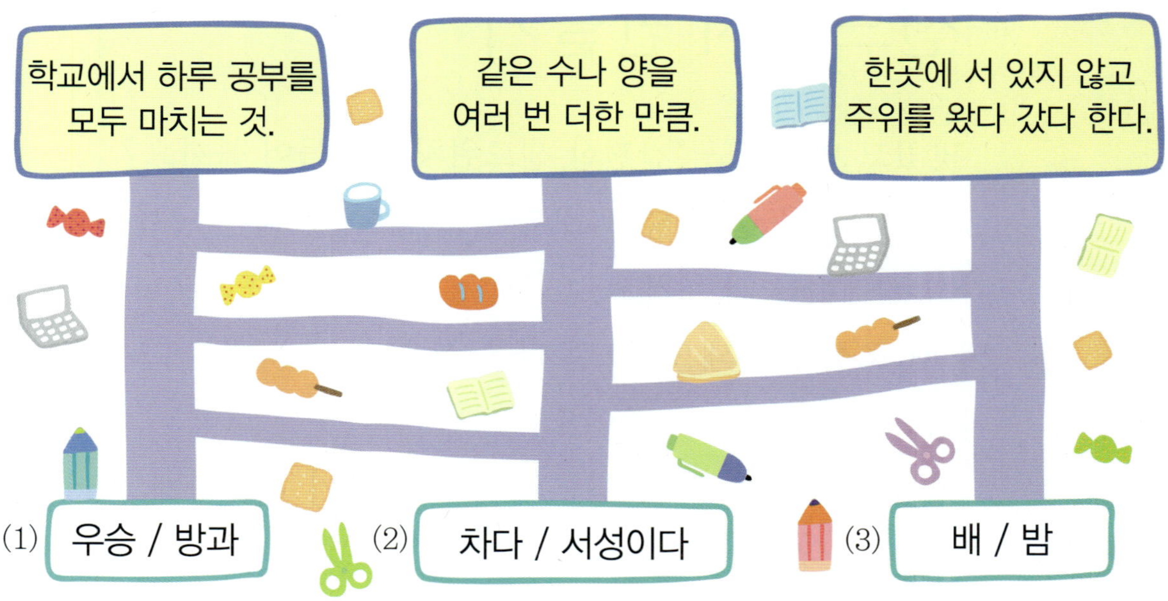

2 밑줄 친 낱말과 뜻이 반대되는 낱말을 보기에서 찾아 ( ) 안에 쓰세요.

오늘 학습은 어땠나요? ✓해 보세요.   쉬움☐   보통☐   어려움☐

샌드위치 만들기

맛있고 먹기에도 *간편한 샌드위치를 만들어 볼까요?

우선 달걀을 물에 넣고 12분 정도 삶아요. 삶은 달걀은 찬물에 담가서 껍데기를 까 주세요. ㉠*갓 삶은 달걀은 뜨거우니 냄비에서 꺼낼 때 조심해야 돼요. 그런 다음 삶은 달걀을 넓은 그릇에 넣고 숟가락으로 잘게 *으깨 주어요.

이어서 오이와 양파, 당근의 껍질을 벗겨 깨끗하게 씻어요. 그런 다음 도마 위에 놓고 칼로 다져요. *재료는 잘게 다질수록 먹을 때 부드럽답니다. 다만, 칼을 사용하는 것은 위험하니 채소 껍질을 벗기거나 다지는 일은 어른들께 부탁하세요.

다음에는 *오목한 그릇에 으깬 달걀과 다진 오이, 양파, 당근을 함께 넣어요. 그리고 여기에 마요네즈를 넣고 골고루 섞어 주어요. 이렇게 하면 식빵 안에 넣을 재료는 다 만들어진 것이랍니다.

마지막으로 식빵의 한쪽 면에 준비한 재료를 발라 주어요. 그런 다음 다른 식빵으로 그 위를 덮어요. 완성한 샌드위치는 한입에 먹기 좋은 크기로 잘라서 먹어요.

어떻게 읽을까?

'우선', '이어서', '다음에는', '마지막으로'와 같이 순서를 나타내는 말을 눈여겨보며, 일을 하는 차례를 살펴봐.

* **간편한**: 간단하고 편리한.
* **갓**: 이제 막.
* **으깨**: 덩이로 된 물건을 눌러 찧거나 두드리고 부스러뜨려.
* **재료**: 물건을 만드는 데 쓰이는 것.
* **오목한**: 가운데가 동그스름하게 폭 패거나 들어가 있는 상태인.

1 글쓴이가 이 글을 쓴 까닭은 무엇인지 빈칸에 알맞은 낱말을 쓰세요.

□□□□ 만드는 법을 알려 주려고.

2 ㉠과 바꾸어 쓸 수 있는 낱말은 무엇인가요? (　　　)

① 한참　　　② 방금　　　③ 아직　　　④ 처음　　　⑤ 오래

3 다음 일을 할 때 필요한 도구를 선으로 이으세요.

(1) 삶은 달걀을 으깨는 일.　•

•㉮ 

(2) 오이와 양파, 당근을 다지는 일.　•

•㉯ 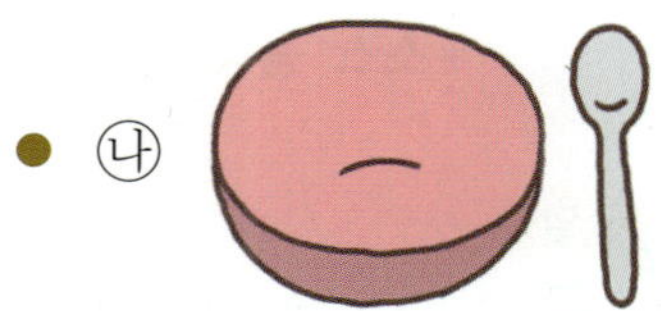

4 샌드위치를 만드는 차례에 맞게 빈칸에 숫자를 쓰세요.

(1) 달걀을 삶아 으깬다. □

(2) 오이, 양파, 당근을 잘게 다진다. □

(3) 식빵에 재료를 바르고 다른 식빵으로 그 위를 덮는다. □

(4) 으깬 달걀과 다진 오이, 양파, 당근에 마요네즈를 섞는다. □

* **개봉하여**: 막아 둔 것을 떼거나 열어.
* **용기**: 물건을 담는 그릇.
* **소스**: 음식에 넣어 맛과 냄새와 모양을 더하는 액체.

5 ㉠을 포함하는 낱말은 무엇인가요? (   )

① 세탁기　　② 냉장고　　③ 청소기　　④ 텔레비전　　⑤ 가전제품

6 짜장밥을 조리하는 차례에 맞게 숫자를 쓰세요.

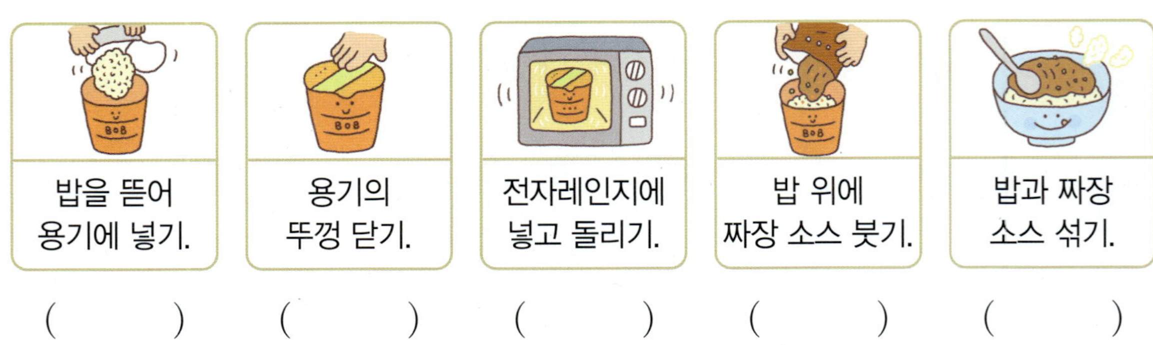

(   )　(   )　(   )　(   )　(   )

1 빈칸에 들어갈 알맞은 낱말을 그림 속에서 찾아 쓰세요.

(1) ☐☐ 를 잘게 다질수록 먹기에 부드럽답니다.

(2) 식빵의 한쪽 면에 ☐☐ 한 재료를 발라 줍니다.

(3) 과자를 ☐☐ 한 후에는 될 수 있는 대로 빨리 드세요.

2 빈칸에 들어갈 알맞은 낱말을 보기에서 찾아 쓰세요.

보기	위험한	오목한	간편한

(1) 김밥은 먹기에 참 (　　　) 음식이다.

(2) 엄마가 마트에서 (　　　) 접시를 새로 사 오셨다.

설명문 주요 내용 파악하기

건강한 몸을 만드는 법

몸이 아프면 하루 종일 누워 있어야 해요. 친구들과 마음껏 놀 수도 없지요. 건강한 몸을 만들려면 어떻게 해야 할까요?

첫째, 음식을 골고루 먹어야 해요. 음식에는 우리 몸에 꼭 필요한 여러 가지 *영양소가 들어 있어요. 그런데 좋아하는 음식만 골라 먹으면 부족한 영양소가 생기고, 몸이 약해져 쉽게 병에 걸리게 되지요. 그러니 *편식을 하지 말아야 해요.

둘째, *규칙적인 운동을 해야 해요. 운동을 하면 몸의 각 부분이 고르게 발달하고 *체력이 좋아져요. 병에 잘 걸리지 않게 되고, 병이 나도 빠르게 *회복할 수 있어요.

셋째, 몸을 깨끗이 해야 해요. 지저분한 손으로 음식을 먹으면 배탈이 나요. 더러운 손으로 ㉠눈을 만지면 눈병이 나지요. 땀을 흘린 뒤에도 잘 씻지 않으면 냄새가 날 뿐 아니라, 피부에 병이 생길 수 있답니다. 그래서 목욕을 깨끗이 하고, 손과 발을 자주 씻으면 건강한 몸을 만들 수 있어요.

어떻게 읽을까?

글쓴이가 설명한 건강한 몸을 만드는 법이 무엇인지 중요한 내용을 정리하며 읽어 봐.

* **영양소**: 성장을 돕고 인간이 활동하는 데 필요한 힘을 주는 영양분이 있는 물질.
* **편식**: 특별히 정한 음식을 가려서 즐겨 먹음.
* **규칙적인**: 일정한 질서나 규칙을 따르는.
* **체력**: 몸을 움직여서 일을 할 수 있는 힘.
* **회복할**: 원래의 상태로 돌이키거나 원래의 상태를 되찾을.

내용 이해

1 이 글의 내용으로 알맞으면 ○표, 알맞지 <u>않으면</u> ×표 하세요.

(1) 음식에는 여러 가지 영양소가 들어 있다.　　　　　(　　　　)

(2) 지저분한 손으로 음식을 먹으면 눈병이 난다.　　　(　　　　)

(3) 운동을 하면 몸의 각 부분이 고르게 발달한다.　　　(　　　　)

어휘 알기

2 ㉠이 뜻하는 것에 ○표 하세요.

(1) (　　　　　)

(2) (　　　　　)

구조 알기

3 다음은 이 글의 내용을 간추린 것이에요. 빈칸에 들어갈 알맞은 낱말을 쓰세요.

건강한 몸을 만드는 법

(1) ☐☐ 을 골고루 먹는다.

(2) 규칙적인 ☐☐ 을 한다.

(3) ☐ 을 깨끗이 한다.

문제 해결

4 건강한 몸을 만드는 방법을 실천하지 <u>못한</u> 친구의 이름을 쓰세요.

> 주원: 고기와 생선, 과일, 채소를 골고루 먹었어.
>
> 서아: 손톱과 발톱을 짧게 자르고, 머리를 자주 감았어.
>
> 한율: 집에 누워서 텔레비전을 보거나 게임을 하며 시간을 보냈어.

(　　　　　　　　)

* **수칙**: 지켜야 할 행동이나 절차를 정한 규칙.
* **복장**: 옷을 차려입은 모양.
* **운동 기구**: 운동하는 데 쓰는 도구나 장치.
* **무리하지**: 능력이나 처지에 걸맞지 않아 지나치게.

내용 이해

5 이 글의 내용으로 알맞으면 ○표, 알맞지 <u>않으면</u> ✕표 하세요.

(1) 운동을 하다가 어지러우면 운동을 멈춘다. ( )

(2) 운동 기구를 사용하기 전에 안전한지 확인한다. ( )

(3) 몸 상태에 신경 쓰지 말고 조금 무리하게 운동한다. ( )

추론하기

6 ㄱ에 들어갈 알맞은 그림에 ○표 하세요.

(1) ( )　　　(2) ( )　　　(3) ( )

1 다음 뜻에 알맞은 낱말이 적힌 풍선을 찾아 친구 손에 선으로 이으세요.

(1) 운동하는 데 쓰는 도구나 장치.

(2) 특별히 정한 음식만 가려서 즐겨 먹음.

(3) 몸을 움직여서 일을 할 수 있는 힘.

(4) 옷을 차려입은 모양.

(5) 지켜야 할 행동이나 절차를 정한 규칙.

〈대단한 독해〉 한 권 끝!

공부하느라 수고했어요. 어떻게 공부했는지
스스로 돌아보며 ✓표 해 보세요.

	예	아니요
한 회씩 꾸준히 공부했나요?		
스스로 공부했나요?		
문제를 끝까지 다 풀었나요?		
재미있게 공부했나요?		
틀린 문제는 왜 틀렸는지 한 번 더 확인했나요?		

1회	9~11쪽

1 농부, 독수리 **2** ⑤ **3** (2) ○ **4** (2) ○ **5** ④
6 (1) 개미 (2) 비둘기 (3) 개미
⭐ **어휘력 팡팡** **1** (1) ㉯ (2) ㉮ (3) ㉰
2 (1) 곤충 (2) 새 (3) 직업

2회	13~15쪽

1 (3) ○ **2** ⑤ **3** (3) ○ **4** ②, ⑤ **5** (1) ○
(2) × (3) ○ **6** (2) ○
⭐ **어휘력 팡팡** **1** (1) 안내문 (2) 부랴부랴
(3) 골목길 **2** (1) 헤매는 (2) 분명하네요

1 이 글에는 농부와 독수리가 나옵니다.

2 농부는 그물에 걸린 독수리를 보고, 그물을 풀어 독수리를 구해 주었습니다. ②, ③은 독수리가 한 일입니다.

3 농부는 독수리가 모자를 채 가지 않았으면 자신이 돌담에 깔렸을 것이라고 생각했습니다. 이것으로 보아 농부는 독수리에게 고마운 마음이 들었을 것입니다.

4 독수리가 농부의 모자를 낚아채 달아난 까닭은 농부를 구하기 위해서였습니다. 따라서 독수리의 행동에 대해 알맞게 말한 친구는 (2)입니다.

5 ㉠과 반대되는 뜻의 낱말은 어떤 행동을 하는 데 걸리는 시간이 길게라는 뜻의 '느리게'입니다.

6 (1) 개미는 물을 마시려다 발을 헛디뎌 물에 빠졌습니다. (2) 비둘기는 개미가 물에 빠진 모습을 보고 나뭇잎을 따서 던져 주었습니다. (3) 개미는 비둘기가 던져 준 나뭇잎을 잡고 땅 위로 올라왔습니다.

⭐ **어휘력 팡팡**

2 (1) 개미, 나비, 벌은 '곤충'에 속합니다. 따라서 '곤충'이 세 낱말을 포함하는 낱말입니다. (2) 독수리, 비둘기, 까치를 포함하는 낱말은 '새'입니다. (3) 농부, 가수, 의사를 포함하는 낱말은 '직업'입니다.

1 글쓴이는 잃어버린 강아지를 찾기 위해 이 글을 썼습니다.

2 방울이는 사람을 잘 따르고, '앉아', '기다려!' 같은 말을 알아듣는다고 했습니다. ①, ②, ③, ④는 이 글의 내용으로 알맞습니다.

3 방울이는 전체적으로 하얀색이고, 귀와 꼬리 부분은 갈색입니다. 또 등에는 하트 모양의 갈색 털이 있다고 했습니다. 이와 같은 생김새를 그린 것은 (3)입니다.

4 ㉠은 위험하거나 곤란하지 않게 보살펴 돌본다는 뜻입니다. 이와 비슷한 뜻의 낱말은 '돌보다'와 '보살피다'입니다. '돌보다'와 '보살피다'는 어떤 대상에 관심을 가지고 보호하며 살피다라는 뜻입니다.

5 글쓴이는 등에 하트 모양 털이 있는 것을 보니 방울이가 확실하다고 했습니다.

6 글쓴이는 주인을 잃어버린 강아지를 발견하고 집으로 데려와, 주인을 찾아 주려고 연락했습니다. 이와 비슷한 경험을 한 친구는 (2)입니다.

⭐ **어휘력 팡팡**

2 (1) '헤매다'는 갈 바를 몰라 이리저리 돌아다니다라는 뜻입니다. (2) '분명하다'는 어떤 사실이 틀림이 없이 확실하다라는 뜻입니다.

1 ③ **2** 사람 **3** ④ **4** (1) 4 (2) 2 (3) 1 (4) 3
5 (1) ○ (2) × (3) ○ **6** ②

⭐어휘력 팡팡 **1** 무덤-묘지, 뜰-마당,
귀신-유령, 공중-허공

1 영감은 산길을 가다 날이 저물자 무덤 옆에서 자기로 했습니다.

2 귀신들은 영감에게 사람 눈에 안 보이는 감투를 씌워 주며 함께 가자고 말했습니다.

3 ㉠은 영감이 능팅 감투를 쓰고 들어가자, 아랫마을 부잣집 사람들이 영감이 들어온 것을 알아채지 못한 상황입니다. 이때 영감은 신기한 마음이 들었을 것입니다.

4 (3) 영감은 무덤 안에서 귀신들이 주고받는 얘기를 들었습니다.→(2) 귀신들은 무덤에서 나와 영감에게 능팅 감투를 씌워 주었습니다.→(4) 영감은 귀신들을 따라갔습니다.→(1) 영감과 귀신들은 아랫마을로 내려가 큰 기와집으로 들어갔습니다.

5 이 글에서는 영감이 먹은 음식이 줄어들어 금세 표가 났다고 했습니다.

6 사람들은 음식이 공중에 둥둥 떠다니고 차려 놓은 음식이 줄어들자 놀라고 무서워 소리를 지르고 난리를 쳤습니다.

⭐어휘력 팡팡

1 '무덤'과 '묘지'는 죽은 사람의 몸이나 유골을 땅에 묻어 놓은 곳, '뜰'과 '마당'은 집에 딸려 있는 평평하고 비어 있는 땅을 뜻합니다. '귀신'과 '유령'은 죽은 사람의 혼령을, '허공'과 '공중'은 하늘과 땅 사이의 빈 곳을 뜻합니다.

1 ② **2** (2) ○ **3** (1) 종이접기 (2) 노래 부르기
4 ㉮ **5** (1) ○ **6** ④

⭐어휘력 팡팡 **1** (1) 시합 (2) 미래 (3) 모험
2 (1) 언제나 (2) 앞날

1 이 글에서 글쓴이는 '내가 좋아하는 것'을 설명하고 있습니다.

2 글쓴이는 무엇이든 만들어 낼 수 있어서 종이접기를 할 때면 마법사가 된 기분이 든다고 했습니다.

3 글쓴이는 이 글에서 자신이 좋아하는 것 세 가지를 꼽았습니다. 글쓴이가 좋아하는 것은 종이접기와 책 읽기, 노래 부르기입니다.

4 이 글은 자신이 좋아하는 것에 대하여 설명하는 글로, 새 학년이 되어 나를 소개하는 상황에서 발표하기에 알맞습니다.

5 이 글은 달리기와 축구처럼 '내가 가장 잘하는 것'에 대해 설명하고 있습니다.

6 ㉠의 앞뒤 내용을 살펴보면, ㉠에 들어갈 낱말을 짐작할 수 있습니다. '나'는 상대편 선수 여럿이 막아서는 힘든 상황에서도 골을 넣고야 만다고 했습니다. 따라서 ㉠에는 틀림없이 꼭이라는 뜻의 '반드시'가 들어가는 것이 알맞습니다.

⭐어휘력 팡팡

2 (1) '항상'은 언제나 변함없이라는 뜻으로, 이와 비슷한 뜻의 낱말은 '언제나'입니다. '언제나'는 때에 따라 달라짐이 없이 항상이라는 뜻입니다. (2) 앞으로 올 때를 뜻하는 '미래'의 비슷한말은 '앞날'입니다.

5회	25~27쪽

1 친구　**2** (1) ✕ (2) ○ (3) ○　**3** ②　**4** (3) ○
5 ③　**6** 하윤

☆ 어휘력 팡팡　**1** (1) 머뭇거리다 (2) 반복하다
(3) 기꺼이 (4) 승낙

1 지우는 예나에게 친구로 지내고 싶다는 얘기를 전하기 위해 쪽지를 썼습니다.

2 지우가 보낸 쪽지를 살펴보면, 지우가 아닌 예나가 지우에게 연필을 빌려준 적이 있다는 것을 알 수 있습니다.

3 예나의 쪽지를 보면, 예나도 지우와 친하게 지내고 싶어 했습니다. 그래서 예나는 지우의 쪽지를 받았을 때 기뻤을 것입니다.

4 예나는 친하게 지내고 싶어 했던 지우에게 친구로 지내자는 쪽지를 받았습니다. 이와 비슷한 경험을 말한 친구는 (3)입니다.

5 ㉠이 들어 있는 문장은 묻는 문장입니다. 묻는 문장의 끝에는 물음표를 사용합니다.

6 누리 소통망 대화에서 은서는 주하를 자신의 집으로 초대했습니다. 따라서 이와 비슷한 경험을 말한 친구는 생일날 집에 친구를 초대한 '하윤'입니다.

☆ 어휘력 팡팡

1 (1) '망설이다'의 비슷한말은 말이나 행동을 선뜻 하지 못하고 자꾸 망설인다는 뜻의 '머뭇거리다'입니다. (2) '되풀이하다'의 비슷한말은 '반복하다'입니다. (3) '기꺼이'는 마음속으로 은근히 기쁘게라는 뜻으로, '흔쾌히'와 비슷한 뜻의 낱말입니다. (4) '허락'의 비슷한말은 부탁하는 것을 들어줌을 뜻하는 '승낙'입니다.

6회	29~31쪽

1 복숭아벌레　**2** (2) ○　**3** 건우　**4** ②
5 흙밥　**6** (2) ○

☆ 어휘력 팡팡　**1** (1) 고봉밥 (2) 트럭 (3) 씨
(4) 와작와작　**2** (1) 흙 (2) 낚다 (3) 앉다

1 ㉠의 '나'가 가리키는 것은 '복숭아벌레'입니다.

2 아이가 음료수를 마시는 내용은 시에 나오지 않습니다. 따라서 (2)는 시를 읽고 떠올릴 수 있는 장면으로 알맞지 않습니다.

3 이 시에서 재미있는 부분은 '나'가 복숭아벌레에게 사람처럼 "나 여기 있습니다."라고 말하라고 하는 장면입니다. 이와 같은 부분을 알맞게 말한 친구는 건우입니다.

4 '와작와작'은 조금 단단한 물체를 마구 깨물어 씹을 때 나는 소리나 모양을 나타내는 말입니다. 이 낱말은 ②처럼 깍두기와 같은 단단한 음식을 먹는 상황에서 쓰일 수 있습니다. ①에는 펑펑, ③에는 보글보글, ④에는 팔랑팔랑, ⑤에는 모락모락 같은 흉내 내는 말이 어울립니다.

5 이 시에서는 '포클레인은 / 커다란 숟가락이다 // 흙밥 푹 퍼서 / 트럭에게 먹여 준다'라고 했습니다.

6 이 시에서는 포클레인을 '커다란 숟가락'이라고 표현했습니다. 그러나 트럭과 포클레인이 젓가락처럼 나란히 있다는 내용은 나타나지 않았습니다.

☆ 어휘력 팡팡

2 (1) '흙'을 담다, (2) 물고기를 '낚다', (3) 의자에 '앉다'가 맞춤법에 맞는 표현입니다.

1 (1) ○ (2) × (3) ○   **2** (2) ○   **3** ②   **4** (3) ○
5 가믄장아기   **6** ②
⭐ **어휘력 팡팡**   **1** (1) ㉯ (2) ㉰ (3) ㉮ (4) ㉱
2 딸–아들, 여자–남자, 아래–위, 앞–뒤,
속–겉

1 마을 사람들은 부부가 딸을 낳을 때마다 돕기 위해 은그릇, 놋그릇, 나무바가지에 죽을 쑤어다 주었습니다.

2 ㉠은 흉년이 들어 밥을 얻어먹기가 힘들어진 상황입니다. 이런 상황에서 두 사람은 힘들고 괴로운 표정이었을 것입니다.

3 부부는 첫째 딸의 이름을 은장아기, 둘째 딸의 이름을 놋장아기, 셋째 딸의 이름을 가믄장아기라고 지었습니다. 세 딸의 이름에 모두 '아기'라는 낱말이 들어갑니다.

4 ㉡에서 마을 사람들은 부부의 가난한 형편을 알고 아기에게 먹일 죽을 쑤어다 주었습니다. 이때 부부는 마을 사람들에게 고마운 마음이 들었을 것입니다.

5 누구 덕에 먹고사느냐는 부부의 물음에 자신의 덕 때문에 먹고산다고 대답한 사람은 셋째 딸인 가믄장아기입니다.

6 ㉠은 화가 난 부부가 가믄장아기에게 당장 집에서 나가라며 호통을 치는 부분입니다. 따라서 ㉠은 화난 목소리로 읽는 것이 알맞습니다.

⭐ **어휘력 팡팡**

2 딸과 아들, 여자와 남자, 아래와 위, 앞과 뒤, 속과 겉은 서로 반대되는 뜻을 가진 낱말입니다.

1 ③   **2** (3) ○   **3** 빈틈없게
4 이를 깨끗이 닦아야겠다.   **5** (2) ○   **6** (3) ○
⭐ **어휘력 팡팡**   **1** (1) 양치질 (2) 치료
(3) 꼼꼼하다 (4) 다짐하다

1 이 글에서 글쓴이는 이가 아파서 엄마와 치과에 가서 충치 치료를 받았습니다.

2 이 글은 '그림일기'로, 그림일기에는 날짜와 날씨가 들어가야 합니다.

3 '꼼꼼하게'는 빈틈이 없이 조심스럽게라는 뜻으로, 어떤 것이 빠져 있거나 비어 있지 않다는 뜻의 '빈틈없게'와 바꾸어 쓸 수 있습니다.

4 글쓴이의 생각이나 느낌은 그림일기의 마지막 부분에 드러나 있습니다. 글쓴이는 앞으로 사탕이나 초콜릿을 많이 먹지 말고 이를 깨끗이 닦아야겠다고 했습니다.

5 '나'가 겪은 일은 두 번째 문단에 드러나 있습니다. '나'는 양치질을 꼬박꼬박 잘한다며 부모님께 칭찬을 받았습니다.

6 '어깨가 으쓱해졌다'는 표현에서 '나'의 마음을 짐작할 수 있습니다. '나'는 기쁘고 행복한 기분이었을 것입니다.

⭐ **어휘력 팡팡**

1 (1) 이를 닦고 물로 입안을 씻어 내는 일은 '양치질'이고, (2) 병이나 다친 데를 고쳐 낫게 함을 뜻하는 낱말은 '치료'입니다. (3) 빈틈이 없이 조심스럽다는 뜻의 낱말은 '꼼꼼하다'이고, (4) 앞으로 할 일이 틀림이 없음을 단단히 확인하다라는 뜻의 낱말은 '다짐하다'입니다.

9회   41~43쪽

1 (2) ○   **2** ④   **3** 준서   **4** (1) ○   **5** ③
6 (3) ○

⭐ 어휘력 땅땅   **1** (1) 글감 (2) 인상   **2** (1) ㉯
(2) ㉣ (3) ㉮ (4) ㉰

1 이 글은 일기를 쓰면 좋은 점에 대해 설명하고 있습니다. 따라서 글의 제목으로 알맞은 것은 (2)입니다.

2 일기는 이미 지나간 일에 대해 쓰는 것이므로, 일기를 쓴다고 해서 앞으로 일어날 일을 미리 알 수 있는 것은 아닙니다.

3 '훗날'은 앞으로 올 날이라는 뜻으로, '뒷날'과 바꾸어 쓸 수 있습니다.

4 글쓴이는 일기를 쓰면 잘못한 일에 대해 반성하게 된다고 하였습니다. 따라서 이 글과 관련하여 비슷한 경험을 말한 친구는 (1)입니다.

5 글쓴이는 이 글에서 시간은 저축할 수 없고 한번 써 버린 시간은 다시 돌아오지 않는다고 말하며 시간을 아껴 쓰자고 말하고 있습니다. 이와 같은 글의 제목으로 알맞은 것은 ③입니다.

6 시간을 아껴 쓰자는 글쓴이의 의견에 알맞게 행동한 친구는 생활 계획표에 맞추어 생활한 (1)과 책상을 정리해 물건 찾는 시간을 줄인 (2)입니다. (3)은 시간을 아껴 쓰지 못한 예입니다.

⭐ 어휘력 땅땅

2 '쓰다'는 여러 가지 뜻을 가진 낱말입니다. 각 문장에 사용된 '쓰다'의 뜻을 짐작해 보고, 알맞은 뜻을 선으로 이어 봅니다.

10회   45~47쪽

1 지혜로운 노인   **2** ㉮   **3** (3) ○   **4** ③
5 (2) ○   **6** 지우

⭐ 어휘력 땅땅   **1** (1) 약초 (2) 산신령 (3) 싹
2 (1) 포기 (2) 채 (3) 척 (4) 벌 (5) 마리 (6) 자루

1 ㉠은 지혜로운 노인이 어머니의 병을 고치려고 찾아온 아들에게 한 말입니다.

2 아들은 장생초를 구하러 집을 나서서 백두산에 올랐다가 지쳐서 쓰러졌습니다. 얼마 뒤 깨어난 아들은 할머니를 만나 할머니에게 씨앗이 담긴 주머니를 받았습니다. 따라서 ㉮~㉰의 일을 순서대로 정리하면, ㉰→㉯→㉮입니다.

3 할머니는 아들에게 씨앗이 든 주머니를 주었습니다.

4 아들이 한 말과 장생초를 구하려고 눈보라 치는 날씨에 백두산까지 오른 행동으로 보아, 아들은 마음을 다해 어머니를 섬기는 효성스러운 성격입니다.

5 장생초를 찾지 못해 산꼭대기에 주저앉아 한참을 울던 아들은 할머니 부탁을 들어드리려고 씨앗을 꺼내 땅에 뿌렸습니다.

6 아들이 산꼭대기에 올랐을 때에는 장생초가 없었습니다. 따라서 지우의 생각은 이야기의 내용을 잘못 이해한 것입니다.

⭐ 어휘력 땅땅

2 (1) 풀을 세는 말은 '포기', (2) 집이나 건물, 이불을 세는 말은 '채'입니다. (3) 배를 세는 말은 '척', (4) 옷을 세는 말은 '벌'입니다. (5) 고등어 같은 물고기를 세는 말은 '마리', (6) 연필을 세는 말은 '자루'입니다.

1 (4) ○ **2** (1) ○ (2) × (3) ○ **3** (순서대로)
자신감, 자만심 **4** 자만심 **5** ④ **6** (2) ○
⭐**어휘력 팡팡** **1** (1) 도전 (2) 시합 (3) 차이
(4) 주눅

1 이 글은 자신감과 자만심의 차이에 대해
설명하는 글입니다.

2 이 글에서 글쓴이는 자만심에 빠지면 아무
런 노력도 하지 않고 그 때문에 일을 그르
칠 수 있다고 했습니다.

3 자신감은 내가 어떤 일을 해낼 수 있다고
믿는 마음이고, 자만심은 스스로를 대단하
다고 여기고 뽐내는 마음입니다.

4 '난 똑똑하니까 공부 안 해도 시험을 잘 볼
거야.'와 같은 마음은 자만심입니다.

5 ㉠의 앞부분은 자신감에 대한 내용이고, 뒷
부분은 자만심에 대한 내용입니다. 따라서
㉠에는 앞 내용을 바탕으로 새로운 주장을
할 때 쓰는 말인 '그러면'이 알맞습니다.

6 글쓴이는 '자신감'이 내가 어떤 일을 해낼
수 있다고 믿는 마음이라고 했습니다. 세
친구 중 자신이 잘 해낼 것이라고 믿는 친
구는 (2)입니다.

⭐**어휘력 팡팡**

1 (1) 어렵고 이루기 힘든 일에 용감하게 뛰
어드는 것을 '도전'이라고 합니다. (2) 운동
등의 경기에서 서로 실력을 발휘하여 승부
를 겨룸을 뜻하는 낱말은 '시합'입니다. (3)
서로 같지 않고 다르다는 것을 뜻하는 낱
말은 '차이'입니다. (4) 기운을 제대로 펴지
못하고 움츠러드는 태도는 '주눅'입니다.

1 ② **2** (1) × (2) ○ (3) ○ **3** 태웅 **4** (1) ○
5 (2) ○ **6** 주원
⭐**어휘력 팡팡** **1** (1) 인상 (2) 배려 (3) 고민
(4) 기분 **2** (1) ㉯ (2) ㉮ (3) ㉯

1 글의 제목과 마지막 부분에서 글쓴이는 '우
리 모두 고운 말을 쓰자.'라고 했습니다.

2 고운 말은 다른 사람의 기분을 헤아려 하
는 말입니다. 따라서 (1)은 이 글과 다른 내
용입니다.

3 ㉠의 까닭은 ㉠의 뒷부분에 드러나 있습니
다. 글쓴이는 어떤 말을 하느냐에 따라 나
의 인상이 달라지고, 고운 말을 쓰는 사람
에게 좋은 인상을 갖게 된다고 했습니다.

4 친구가 미술 대회에서 상을 받은 상황에서
는 (1)처럼 친구가 상 받은 것을 축하하고
함께 기뻐해 주는 말을 해야 합니다.

5 이 포스터에서는 재미 삼아 쓴 악성 댓글
이 누군가에게 씻을 수 없는 상처가 된다
며 악성 댓글을 멈추자고 했습니다.

6 이 포스터는 인터넷에 악성 댓글을 쓰지
말자는 주장을 담고 있습니다. 따라서 인
터넷에 남을 비웃는 댓글을 달지 않겠다고
말한 주원이가 느낀 점을 알맞게 말했다고
할 수 있습니다.

⭐**어휘력 팡팡**

2 (1) 밑줄 친 '말'은 사람의 생각이나 느낌을
표현하고 전달하는 소리를 뜻합니다. (2)
밑줄 친 '밤'은 밤나무의 열매를 뜻하는 말
입니다. (3) 밑줄 친 '배'는 사람의 몸에 있
는 배를 뜻합니다.

13회	57~59쪽

1 ③ **2** (1) ○ **3** ③, ⑤ **4** 재희 **5** ①, ③
6 (2) ○

☆ **어휘력 팡팡** **1** (1) 방과 (2) 서성이다 (3) 배
2 (1) 적다 (2) 받다 (3) 없다

1 이 시에서는 '김수형 선수'가 '나'의 친구라는 내용이 나오지 않습니다.

2 이 시는 '나'가 운동장 밖으로 나온 축구공을 던져 준 일을 쓴 시이므로, (1)의 장면을 떠올릴 수 있습니다.

3 4연에서 '나'는 던져 준 공을 받은 사람이 김수형 선수라서 반가운 마음이 들었다고 했습니다. 또, 5연에서는 그 일로 신나서 운동장가를 마구 달렸다고 했습니다.

4 우리 학교 스타인 김수형 선수처럼 되고 싶어 한 '나'와 비슷한 경험을 말한 친구는 재희입니다.

5 이 시에서 '나'는 쉬는 시간이 십 분쯤 길어지는 것과 소풍이 열 배쯤 많아지는 것을 바라고 있습니다.

6 물음표는 묻는 문장의 끝에 사용하는 문장 부호입니다. 이와 같은 문장 부호를 사용할 수 있는 문장은 묻는 문장인 (2)입니다.

☆ **어휘력 팡팡**

2 (1) '많다'와 반대되는 뜻을 가진 낱말은 '적다'입니다. (2) '주다'와 반대되는 뜻을 가진 낱말은 '받다'입니다. '받다'는 다른 사람이 주거나 보내오는 물건 등을 가진다는 뜻입니다. (3) '있다'와 뜻이 반대되는 낱말은 사람이나 사물이 존재하지 않는다는 뜻의 '없다'입니다.

14회	61~63쪽

1 샌드위치 **2** ② **3** (1) ㉵ (2) ㉮ **4** (1) 1
(2) 2 (3) 4 (4) 3 **5** ⑤ **6** 1, 3, 4, 2, 5

☆ **어휘력 팡팡** **1** (1) 재료 (2) 준비 (3) 개봉
2 (1) 간편한 (2) 오목한

1 글쓴이는 이 글에서 샌드위치 만드는 법을 알려 주고 있습니다.

2 '갓'은 이제 막이라는 뜻으로, 이와 비슷한 뜻의 낱말은 바로 조금 전에를 뜻하는 '방금'입니다.

3 (1) 이 글에서는 삶은 달걀을 넓은 그릇에 넣고 숟가락으로 으깬다고 했습니다. (2) 글쓴이는 오이와 양파, 당근은 도마 위에 놓고 칼로 다진다고 했습니다.

4 샌드위치를 만드는 방법은 (1) 달걀 삶아 으깨기→(2) 오이, 양파, 당근 잘게 다지기→(4) (1)과 (2)에 마요네즈를 넣어 섞기→(3) 식빵에 재료를 바르고 다른 식빵으로 덮기입니다.

5 전자레인지는 가전제품에 속합니다. ①~④도 가전제품에 속하는 낱말입니다.

6 짜장밥을 조리하는 순서는 밥을 뜯어 용기에 넣기→밥 위에 짜장 소스 붓기→용기의 뚜껑 닫기→전자레인지에 넣고 돌리기→밥과 짜장 소스 섞기입니다.

☆ **어휘력 팡팡**

2 (1) 김밥은 먹기에 간단하고 편리하므로, '간편한'이 알맞습니다. (2) 엄마가 마트에서 가운데가 동그스름하게 폭 패거나 들어가 있는 상태인 그릇을 사 오셨으므로, '오목한'이 알맞습니다.

15회 65~67쪽

1 (1) ○ (2) × (3) ○ **2** (2) ○ **3** (1) 음식
(2) 운동 (3) 몸 **4** 한율 **5** (1) ○ (2) ○ (3) ×
6 (3) ○

☆ 어휘력 팡팡 **1** (1) 운동 기구 (2) 편식
(3) 체력 (4) 복장 (5) 수칙

1 글쓴이는 지저분한 손으로 음식을 먹으면 눈병이 아니라 배탈이 난다고 했습니다.

2 ㉠의 '눈'은 '사람의 얼굴에 있는 눈'입니다.

3 글쓴이는 건강한 몸을 만들려면 '음식'을 골고루 먹고 규칙적인 '운동'을 하며 '몸'을 깨끗이 해야 된다고 했습니다.

4 음식을 골고루 먹은 주원이와 몸을 깨끗이 관리한 서아는 건강한 몸을 만드는 방법을 실천했습니다. 그러나 한율이는 누워서 텔레비전을 보거나 게임을 하며 운동을 실천하지 못했습니다.

5 이 글에서는 무리하지 말고 몸 상태에 알맞게 운동해야 한다고 했습니다. 따라서 (3)은 주어진 글과 다른 내용입니다.

6 운동하기에 알맞은 복장을 갖추어야 한다는 내용에 알맞은 그림은 운동복을 입은 (3)입니다.

☆ 어휘력 팡팡

1 (1) 운동하는 데 쓰는 도구나 장치는 '운동 기구'입니다. (2) 특별히 정한 음식만 가려서 즐겨 먹는다는 뜻의 낱말은 '편식'입니다. (3) 몸을 움직여서 일을 할 수 있는 힘은 '체력'입니다. (4) 옷을 차려입은 모양을 '복장'이라고 합니다. (5) 지켜야 할 행동이나 절차를 정한 규칙은 '수칙'입니다.